世界の今を読み解く

政治思想マトリックス

茂木 誠

PHP文庫

○本表紙図柄＝ロゼッタ・ストーン（大英博物館蔵）
○本表紙デザイン＋紋章＝上田晃郷

はじめに——もはや「右派」VS.「左派」では、世界は読み解けない

「朝日新聞は、左がかっている」とか、「産経新聞は、右寄りだ」と、よく言われます。

どうやら、政治思想を説明するうえで、もっともベーシックな対立構造が、

「右派」VS.「左派」

ということのようです。

そもそも政治思想において、何が「左」で、何が「右」なのでしょうか？

たとえば「左」の人たちは日本政府に対して、「女性や外国人の人権を守れ！」「国旗や国歌を押しつけるな！」「軍国主義反対！」「国家より個人が大切だ！」と大きな声でおっしゃいます。

「左」の中でも一番「左」が共産党であることは、共通認識になっていると思いますが、その共産党が長期政権を維持している中国では、少数民族が抑圧され、愛国心を徹底教育され、軍備増強が続けられ、共産党が独裁権力を保持し、個人の人権は無視されています。しかし、このことに対して、「左」の人たちが中国大使館前でデモをやったり、反対署名活動をやったりするのを見たことがありません。

ということは「左」の本質は、中国共産党のような一党独裁体制を、是《ぜ》とするということでしょうか？　普段言っている「人権！　人権！」と、どのように整合性をとっているのでしょうか？

ところで、筆者は今考えると、子どもの頃は親の影響で「左」に傾き、思春期で猛烈に「右旋回」をなし遂げ、大人になってから少し軌道修正して「真ん中」に戻った、と思っています。

それでも「左」の方々から、「右翼的」だの「ネトウヨ」だのと書かれることもありますから、「真ん中より、ちょっと右」というのが、客観的な立ち位置なのかもしれません。

アメリカの二大政党は、「右」の共和党と「左」の民主党です。

共和党は北部の大資本家の支持をバックに成立し、これに対する民主党は労働者の政党として、社会保障政策や労働者保護法の制定など、弱者の側に立った政策を実施してきた――と世界史の教科書には書いてあります。

歴史的には、これは間違いではありません。ところが、2016年のアメリカ大統領選挙では、「右」と思われてきた共和党のドナルド・トランプが「アメリカ人の雇用を取り戻す！」と訴え、もともと民主党支持だった労働者層の支持を受けて当選しました。

民主党と共和党の役割が、入れ替わったようにも見えます。

同じような現象がヨーロッパ諸国でも起こり、「右」と思われてきた政党が大躍進しています。

いったい何が起こっているのでしょうか？

ここまで複雑になると、「右」か「左」かという一次元の直線では説明がつかなくなります。

x軸にy軸を加えた座標軸を考案したのは哲学者であり数学者のデカルトですが、x軸を経済的自由、y軸を政治的自由として、政治思想を二次元座標で表現したのが、米国の政治学者デイヴィッド・ノーランです。

本書では、この「ノーラン・チャート」を応用して、さまざまな時代、さまざまな国の政治思想のせめぎ合いを、「政治思想マトリックス」として示していきましょう。

複雑に見える世界の政治対立が、実はシンプルなものなのだと、はっきりわかるはずです。

令和2年（2020）11月

茂木 誠

世界の今を読み解く
政治思想マトリックス
目次

第2章 「米中冷戦」の思想史と強いロシアの復活

第3章 「超国家EU」崩壊の序曲

第4章 グローバル化するイスラム革命

最終章 敗戦後日本の政治思想史と未来

本書の内容は、特に明記がない限り、
名称・肩書きなどは当時のものです。

第1章

ナショナリズムとグローバリズムの「シーソーゲーム」

□フランス革命によって生まれた「右派」vs.「左派」

「右派」「右翼」vs.「左派」「左翼」——この呼び名が初めて生まれたのは、フランス革命の時でした。

ブルボン朝の絶対王政打倒を目指す市民革命によって成立した国民議会では、政治のあり方をめぐって、大きく二つの意見が対立していました。

一方は、ブルボン朝の王政を支持し、伝統を重んじる保守派です。「たしかにルイ16世には問題があったが、何百年も続いた王政そのものをやめる必要はない。誰か別の王を立てればいい」と、なるべく旧体制を維持しようと努めた勢力です。

もう一方は、王政打倒、旧体制の打破を求める過激派でした。「今こそ、この革命で腐り切った王政を倒し、人民の共和国を建てるのだ！」と言って憚《はばか》りません。

その後、王妃マリー・アントワネットが実家のオーストリア・ハプスブルク家と内通し、外国の軍隊を招き入れて市民の弾圧を図ったことが明らかになりました。

このため世論は激昂《げきこう》し、武装した市民が王宮を襲撃して国王と王妃を逮捕してしま

■「右派」vs.「左派」の誕生

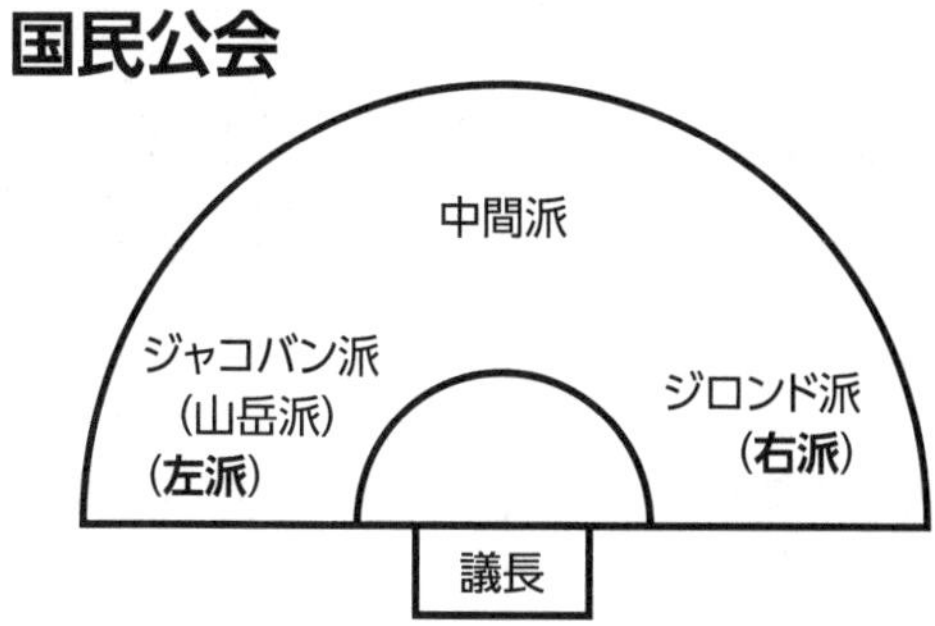

います（8月10日事件）。この時、大勢の貴族が殺され、財産を没収されました。

生き残った貴族は国外へ亡命し、共和派だけの議会（国民公会）が開かれ、王権停止を決議しました。ここに、フランスは共和国になったのです。

ところが、今度は共和派が分裂します。ルイ16世の処刑と富裕層からの財産没収を要求するジャコバン派（山岳派）と、個人の財産を守り、革命終結を求めるジロンド派が対立したのです。

議長席から見てジャコバン派が左側、ジロンド派が右側に着席したことから、前者を「左派」、後者を「右派」と呼ぶようになりました。

■シンプルだった「政治思想の対立」

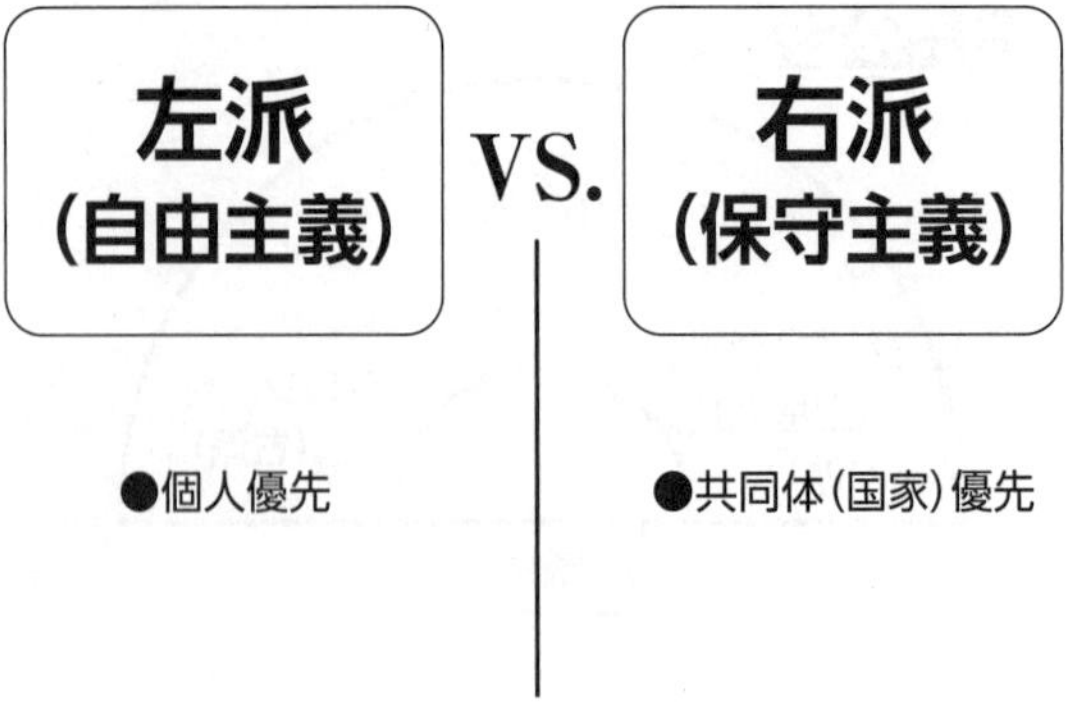

この場合の「右派」は、共同体（社会や家族）の伝統や秩序を重んじ、急激な変化を求めない考え方で、「保守主義」と言ってもいいでしょう。社会や家族を守ることが最高の価値であり、個人はその一員として頑張ろう、という立場です。

これに対して「左派」は、「共同体より個人。個人の権利と自由を制限するような伝統は、根本的につくり変えてしまえ」という考え方。改革や進歩を好み、言葉の本来の意味で「リベラル（自由主義者）」と呼ばれる人々です。

図解してみると、**「共同体か個人か」という極めて単純な図式で表すことができま**

す。右と左の対立は、本来はこのように非常にシンプルなものでした。

世界に先駆けたイギリスの「政治システム」

フランス革命と同じ時期のイギリスでも、はっきりとした思想的対立が見られました。国家や伝統を守る「トーリー党（保守党）」と、個人の自由を追求する「ホイッグ党（自由党）」との二大政党制を展開していたからです。

イギリスでは、フランス革命の100年前に、すでに革命を経験済みでした。中世のイギリスでは国王の権力は弱く、貴族と市民代表からなる議会が予算承認権を握っていました。国王は勝手に増税することはできなかったのです。

ところが、17世紀になると、フランス・ブルボン王家の真似をして、イギリス王チャールズ1世が独裁化し、議会を無視するようになりました。

これをきっかけにキリスト教の宗派争い（国教会 vs.ピューリタン）が起こり、この結果、国王と議会とが衝突し、議会派の軍人クロムウェルが国王軍を破って、国王チャールズ1世を処刑したのです（ピューリタン革命）。

しかし、クロムウェル革命政権が独裁化したことから、議会はチャールズ1世の王子たちを王位につけました（王政復古）。

その後、チャールズ1世の子のジェームズ2世が再び独裁化を図ったので、議会は国王ジェームズ2世を廃位し、オランダ総督に嫁いでいた娘のメアリ2世と夫をイギリス王位につけるという事件が起こりました。無血で革命が成就したので、「名誉革命」と言います。

議会は新しい王に対して「権利の章典」（1689）を認めさせました。「王は議会の承認なしに、○○できない」「○○もできない」「○○は認められない」と制限事項を列挙したものです。

これ以来、**イギリス国王は政治権力を議会に制限され、ただ威厳を保って儀式を行うだけの存在になったのです。**

このようなシステムを立憲君主制（憲法で制限された君主制）と呼び、イギリス人はこれを「王は君臨すれども統治せず」と表現します。

立憲君主制は19世紀までにヨーロッパの多くの国で採用され、日本では明治維新後の大日本帝国憲法で導入されました。大日本帝国憲法について、「君主権の強い憲法」と教わったかもしれません。しかし、それは「現行の日本国憲法と比べれば」という話であって、天皇は内閣および陸海軍の助言（輔弼《ほひつ》）を受けて、統治する規定になっています。無制限の絶対君主ではないのです。

❏なぜ、同じ支持基盤から思想対立が起こるのか？

イギリスの革命は、政治権力を国王から議会に移したという点で画期的でしたが、土地の分配などの社会改革は行いませんでした。革命の主力となったのが「ジェントルマン」と呼ばれる地主や大商人だったからで、彼らが参政権を独占していました。

名誉革命の直前に「トーリー党（保守党）」と「ホイッグ党（自由党）」という二大政党が誕生します。**両党の対立は、「保守党は国王に甘い」、「自由党は国王に厳**

しい」程度の政治的スタンスの違いでした。それが思想的な対立へと変わっていくのは、産業革命で大きな社会変動が起こったためです。

初代首相ウォルポールを出したのはホイッグ党（自由党）でしたが、その後は数十年にわたって保守党が長期政権を維持します。保守党政権が長く続いたのは、イギリスの選挙制度に問題があったからでした。

選挙制度は中世の13世紀に定まったもので、その時代の人口分布に応じて選挙区が定められ、各選挙区から1名の議員を選出する仕組みでした。

ところが、産業革命が始まると、新興工業都市に人口が集中し、工場の経営者（産業資本家）が経済的な力を持ち始めます。にもかかわらず、選挙制度が中世のままなので、有権者50人の過疎地の農村選挙区でも議員1人、有権者1000人の都市選挙区でも議員1人を選出する「1票の格差」が生じ、農村選挙区を基盤とする保守党に著しく有利になっていました。

これが、保守党長期政権を維持させ、あらゆる制度改革を妨害してきたのです。「万年野党」だった自由党は、産業革命を政権奪回のチャンスと見ました。彼らは産業資本家と手を組むことにしたのです。

「イギリスは産業革命によって新しい社会になった。今や、イギリスを牽引《けんいん》しているのは、地主ではなく産業資本家である。諸君に参政権がないのはおかしいではないか！」と選挙権の拡大を訴える自由党には、産業資本家から潤沢な政治献金が流れ込みました。

今も昔も選挙にはカネがかかります。また当時は公職選挙法のようなものもなく、候補者が選挙民に金品をばらまくことも普通でした。

こうして1830年、ついに自由党は政権奪回を果たし、グレイ内閣が成立しました。グレイ首相はさっそく選挙法を改正し、産業資本家の選挙権を認めました（1832年、第一次選挙法改正）。

自由党と保守党は、経済政策でも対立しました。

輸出で利益を上げていた産業資本家は、低関税による自由貿易を主張しました。今で言う「グローバリズム」の立場です。

これを推進するのが自由党で、経済的にも自由を求める「左派」です。

一方、穀物生産者である地主は、輸入穀物に高い関税をかける保護貿易を主張しました。

■イギリスにおける「政治思想対立」

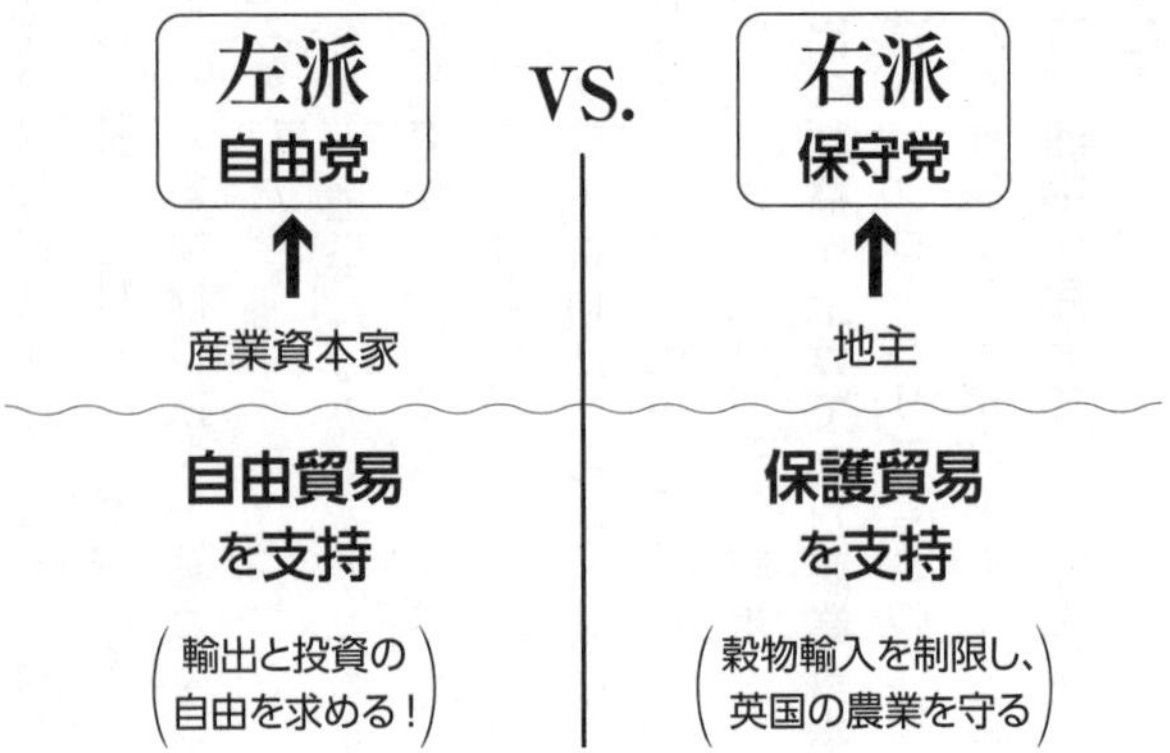

これを推進するのが保守党で、自国産業保護の「経済ナショナリズム」、経済的にも守りを固める「右派」の立場です。

自由党グレイ政権が成立し、イギリスは自由貿易へと大きく舵《かじ》を切りました。

綿織物を中心とする輸出産業の発展により、「世界の工場」と呼ばれるまでになったのです。

今ではパッとしないイギリスですが、19世紀には世界最大の工業国であり、その商船を守るため、イギリス艦隊が世界の海をパトロールしていました。

「自由貿易か、保護貿易か」

これも政治思想を読み解く重要なキーワードです。

□近代をつくった「禁欲」と「資本主義」の意外な関係

政治思想の対立を説明するうえで、資本主義の歴史を欠かすことはできません。もともとこの「資本主義」という言葉は、政治思想（イデオロギー）ではなく経済システムのこと。経済的な利益の追求を最大の価値とする考え方のことです。このような意味での「資本主義」は、古代ローマ時代からありました。

しかし、政治思想としての資本主義が産声をあげたのは16世紀。「宗教改革」と関係があります。

当時、ローマ教皇を頂点とするカトリック教会の堕落が指摘されるようになっていました。教会の聖職者は信徒に寄付金を強要し、「免罪符（贖宥状《しょくゆうじょう》）」なるお札《ふだ》を購入すれば罪が許されると説教していました。そうした教会の姿勢をドイツではルターが、スイスではカルヴァンが公然と批判して支持者を増やし、やがて大きな渦となって西欧全体を巻き込んでいきました。「宗教改革」の始まりです。

従来のカトリックに反対する彼らは、「新教徒」とか「プロテスタント（抗議者）」

などと呼ばれました。

最も先鋭的な教えを説き、その実践を重んじたのがカルヴァン派です。

禁欲を重んじ、**「一生懸命に働くことこそが神のご意思である」**と考え、教会で祈るだけではなく、日々、神と向き合い、自分の仕事を真面目に頑張ることを奨励したのです。カトリック教会は、**「勤労と蓄財は罪」**というスタンスでしたから、まさに真逆。新教徒たちは酒もタバコもやらず、贅沢もせずに、ただがむしゃらに働きました。


一生懸命に働いたら、どうなるでしょうか。

当然のことながら、お金がどんどん貯まります。ですが、そのお金を使って贅沢をすることは禁じられています。

ただ一つだけ、お金の使い道が存在しました。それが「投資」です。カルヴァンは、禁欲を続けて「そのお金を、また仕事に投資すれば問題ない」と主張しました。

一生懸命働いて、どんどん投資をすることが、神のご意思に叶う――。こうしてカルヴァン派の人々は、懸命にお金を稼いでは、新たな事業に投資を行い、さらにお金を増やしていったのです。

一見、対極にあるように見える「宗教とお金」がこうして結びつき、富が富を生むという再生産が行われるようになりました。

これが、イデオロギーとしての「資本主義」の始まりです。

❏「カトリック教国」が財政赤字に苦しむ必然的理由

宗教改革によって生まれたプロテスタントの教えは、西ヨーロッパの地域へと徐々に広がっていきました。スイスから始まって、ドイツのライン川流域、オランダ、さらにイギリス・フランス、そして新大陸へと広がっていったのです。これらの地域では、のちに産業革命が起こりました。

彼らの教えが影響を及ぼしたのは、ヨーロッパだけにとどまりません。アメリカの建国そのものにも、影響を及ぼしました。

アメリカをつくったのは、主にイギリス系移民のピューリタン（イギリスにおけるプロテスタントの一派）です。

17世紀、彼らはイギリス国教会を強制するジェームズ1世によって、本国で迫害されていました。彼らは圧制から逃れ、信仰の自由を得るために、新天地を求めメイフラワー号に乗って、アメリカ大陸へと渡りました。

ボストン近くのプリマスに上陸した移民たちは「ピルグリム・ファーザーズ」(巡礼の父祖)と呼ばれています。彼らが自分たちの理想を実現すべく、理想のキリスト教国家の樹立に向けて邁進《まいしん》したからです。

彼らがまいた「勤勉」の遺伝子のおかげで、アメリカは経済的な発展を遂げ、ついにはイギリスを抜いて世界一の工業国へとのし上がりました。

今日の超大国アメリカがあるのは、プロテスタントという宗教的なバックグラウンドがあったからなのです。

同じ時期に、スペインやポルトガルの移民が海を渡り、中南米を開拓していきましたが、中南米は資源に恵まれているにもかかわらず、アメリカ合衆国のような経済発展を遂げることはできませんでした。

いったい、なぜでしょう。

　それは、中南米に乗り込んでいったスペイン人やポルトガル人が、カトリック教徒だったことと関係しています。**中世のカトリック教会では、「蓄財は罪」「教会に寄進すれば救われる」と教えられていました。**これでは、頑張ってお金を稼ごうというモチベーションが起こりようもありません。

　この結果、南ヨーロッパのカトリック教国では蓄財よりも消費に励み、教会にどんどん寄進する文化が育《はぐく》まれていきました。華やかなイタリア・ルネサンスを生んだ半面、経済発展は頭打ちとなり、現在も財政赤字に苦しむ国にカトリック教国が多いのも、偶然とは言えないのです。

　プロテスタントが活動した地域では産業革命が起こり、カトリックが活動した地域では経済発展の面で後《おく》れをとった――。文化的背景が、国の経済に影響を与えている好例です。

　今後、アメリカに中南米系（ヒスパニック）移民の流入が続いていけば、アメリカ人の意識に大きな変化が起こり、アメリカ自体が「中南米化」していくかもしれません。

❏ナポレオンの敗北は、自由主義への敗北でもあった

18世紀末、大規模な機械制工場による大量生産が可能になり、イギリスでは産業革命が起こりました。

産業革命によって、社会構造は一変します。大規模な土地を所有する地主階級に代わって、大工場を経営する産業資本家が台頭し、農村から都市に流れてくる労働者を工場で雇用しました。

こうして、生産手段（工場）を持つ産業資本家が、労働者を雇用して賃金を支払い、商品を販売して利潤を得る資本主義の体制が確立されました。

19世紀、イギリスは資本主義という新たな秩序の中で、盤石の地位を築きつつありました。圧倒的な工業力を武器に、自由貿易の恩恵を享受していたのです。

この状況にフランスが「待った」をかけます。

「フランス革命の輸出」を掲げてヨーロッパ全土を占領したナポレオンが、「大陸

封鎖令」で欧州諸国にイギリスとの貿易を禁止したのです。そこには、「イギリス製品の流入を阻止し、フランスのために欧州市場を独占する」狙いがありました。

ところが、大陸封鎖令によってイギリスへの穀物輸出を制限されると、イギリスと貿易をしていたロシアやポルトガルといった農業国は、大打撃を受けてしまいます。そこで、利害の一致したこれらの国々は、イギリスと「対フランス大同盟」を組み、ナポレオンを撃破しました。

ナポレオン戦争は、「保護主義に対する自由主義の勝利」で幕を閉じたのです。

こうして、イギリスは産業革命で成功して確固たる地位を築きます。19世紀の半ばには、開国に応じない清《しん》国に対してアヘン戦争を仕掛け、香港《ホンコン》島を獲得し、港を開かせました。

この惨状を見た江戸幕府は、アメリカのペリー艦隊が来航すると、戦わずに国を開きました。こうして、アジア諸国も次々に開国＝自由貿易体制に組み込まれ、イギリス製品のマーケットになったのです。

このように、砲艦外交で自由貿易を強要するイギリス自由党政権のやり方を、「自由貿易帝国主義」と言います。

■ナポレオン戦争期の政治思想対立

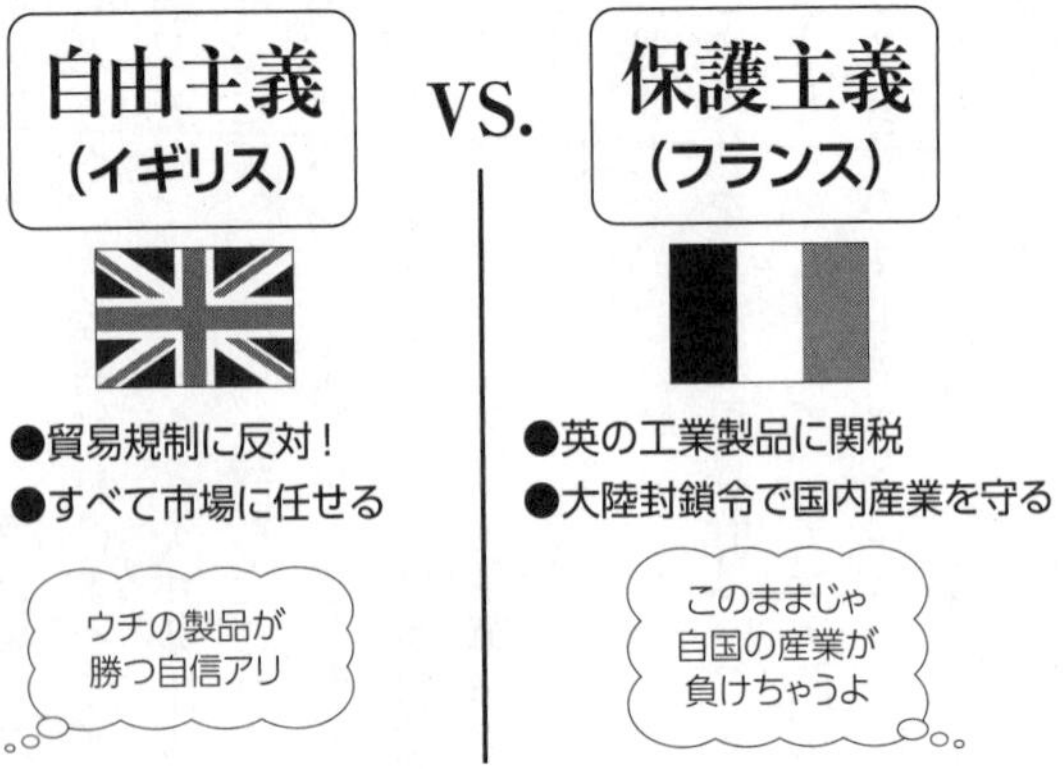
自由主義
（イギリス）
VS.
保護主義
（フランス）
●貿易規制に反対！
●すべて市場に任せる
ウチの製品が
勝つ自信アリ
●英の工業製品に関税
●大陸封鎖令で国内産業を守る
このままじゃ
自国の産業が
負けちゃうよ

歴史は勝者がつくる、と言います。では、自由主義が必ず正しいと言えるのでしょうか。

イギリスにとっては、もちろんそうでしょう。しかし、開国を強いられた後進国では、外国製品との競争に敗れた国内産業が衰退し、失業者の増大が社会不安を引き起こしました。

清国では太平天国の乱、日本では幕末の騒乱、インド大反乱、いずれも自由貿易を受け入れた結果、起こった内乱です。光の裏には必ず影が生まれるのです。

「光と影」のコントラストは、イギリス国内でも見られました。自由主義は、経済的強者に恩恵をもたらします。イギリスは世界で最も自由な国の一つになり、個人が限りなく豊かになりました。

ただし、個人とは、あくまでも産業資本家に限ります。自由主義が行き過ぎた結果、工場労働者は劣悪な環境と低賃金に苦しんでいたのです。生活用水は汚染され、空はスモッグで覆われ、コレラ・結核などの感染症が蔓延《まんえん》し、産業革命後のイギリスは悲惨な社会になっていました。

社会主義の萌芽は、『人間不平等起源論』から

このように自由主義は、新たな経済的格差を生み出しました。産業資本家と労働者という階級が生まれ、貧富の差によって社会が「勝ち組」と「負け組」に分断されてしまったのです。

「資本主義社会は間違っている！」「負け組をこのまま見捨てていいのか」と主張する人たちが現れるのは当然のことでした。

この「負け組を救おう」「貧富の差をなくすために、個人の自由よりも平等を大

切にしよう」という思想を「社会主義」と言います。

では、どうすれば平等が実現できるか？

土地や工場といった「生産手段」を地主や産業資本家から没収し、それを等しく人民に分配しようと考えたのです。

実は、資本主義社会の弊害が生まれるよりはるか前に、このような平等思想を掲げた人物がいます。フランス革命に大きく影響を与えた思想家、ジャン＝ジャック・ルソーです。

ルソーは『人間不平等起源論』を書き、「原始社会では土地は万民のものだった。ある時縄張りをして、ここは自分のものだ、と宣言する者が現れ、皆が真似をして土地の私有が始まった。土地をめぐる争いが生じ、貧富の差、階級制度、王権が生まれた」と論じました。続く『社会契約論』では、「主権は王ではなく、人民が持つ。貧富の差を是正するには、個人が土地の所有権を放棄して共同体（国家）に差し出せ」と説いたのです。

ルソーの思想に心酔したフランス革命の指導者たち、特にジャコバン派は、「土地私有を基盤とする階級制度を打破し、地主や資本家を倒して人民主権を実現せよ」と叫び、これを実行したのです。抵抗する者は逮捕され、次から次へとギロチンに送られました。これが「恐怖政治」です。

あまりの暴力に民衆の支持を失ったジャコバン派政権は、内部分裂を起こしてお互いに殺し合い、資本家階級によるクーデターで倒されました。すでに土地を分配されていた農民たちは、「自分の土地が守れればいいや」と革命終結を支持し、ここにフランス革命は終わったのです。

❑「持たざる者の怒り」が社会主義を生んだ

地主や産業資本家が財産没収に抵抗する中で、どうやって土地や工場を公有化していくのか。

労働者と資本家（経営者）がよく話し合い、協同組合のようなものをつくって富を分配すればいい、と考えたのが、イギリス人のロバート・オーウェンでした。

彼は紡績工場のオーナーでしたが、労働者のための共同住宅、保育所までつく

■自由主義による格差社会の到来

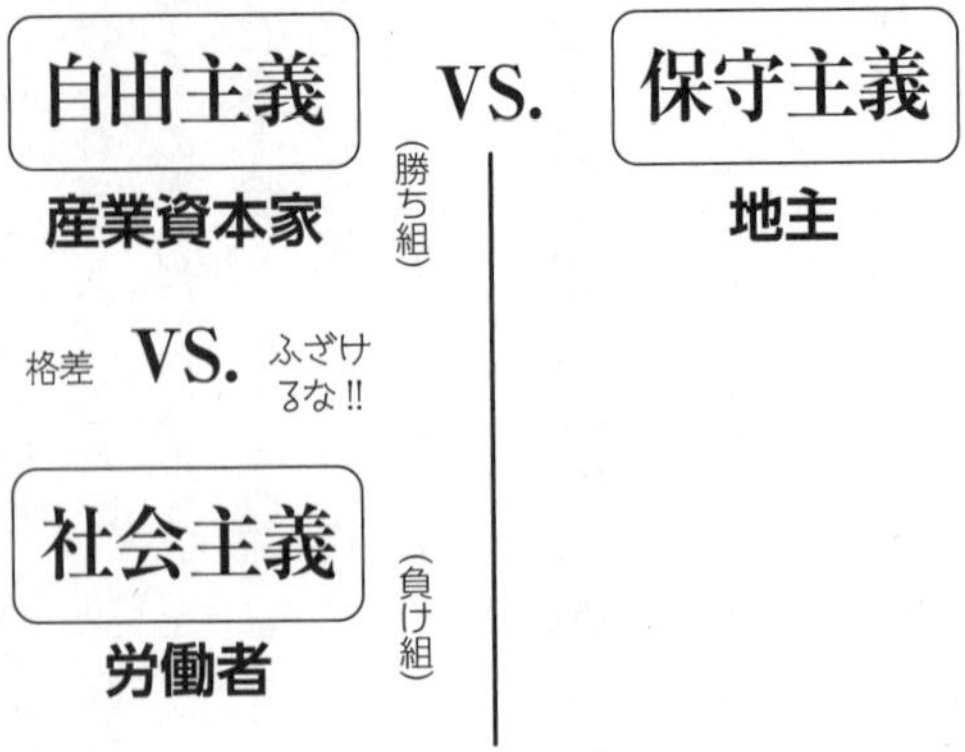

り、晩年にはアメリカに渡って私財を投じ、「ニューハーモニー村」という協同組合形式のコミュニティを建設しました。

ここでは必要な分だけ生産し、平等に分配する、という社会実験が行われたのですが、人は私利私欲のためでないと働かず、必要以上に分配を求める、という厳しい現実にぶつかり、4年で解散に追い込まれました。マルクスとエンゲルスはこれを冷笑して、「空想的社会主義」と呼びました。

次に考えられるのは、フランス革命のように労働者が武装して実力で工場を奪取する革命です。

産業資本家や軍・警察を倒し、国家そのものを解体する。その後、各工場で組合をつくって、自治でやっていけばいいと。これが、プルードンやバクーニンが唱えた無政府主義（アナーキズム）です。

１８７１年、「パリ・コミューン」という史上初の労働者政権が誕生しましたが、政府軍との市街戦を経て、わずか2カ月で崩壊しました。

当時、フランスでは労働者でも選挙権を持つ普通選挙が実現していましたが、政治にカネがかかるのは今と同じ。資本家（ブルジョワジー）は「政治献金」という形で、政治家を動かすことができたのです。

対岸のロンドンから、パリ・コミューンの崩壊を見守っていたのがカール・マルクスです。彼はドイツ生まれのユダヤ人学者ですが、指名手配されてロンドンで亡命生活を送りつつ、エンゲルスとともに『共産党宣言』（１８４８）を発表して、世界革命を呼びかけていました。マルクスは、こう考えました。

「ブルジョワジーは手強い。ブルジョワジーと戦うためには、無政府主義ではダメだ。労働者（プロレタリア）自身が強力な政府と軍隊を掌握することが必要だ――」

つまり、平等を実現するためには、労働者自身が独裁権力を持つべきだ、と考え

たのです。こうして、「プロレタリア独裁」という思想が生まれました。

当時の労働者の大半は読み書きも不自由でした。現実には、いきなり政府の閣僚になるのは難しいわけです。

そこで、知識人があらかじめ組織をつくり、革命の前衛（最前線）に立つべきだと考えたのが、ロシアの革命家レーニンです。そして、その前衛こそが「共産党」であり、優れた指導者が人民を指導すべきだという理論に行きつくのです。

パリ・コミューンのような流血の事態を恐れたブルジョワジーは、労働者に譲歩します。過酷な労働は植民地の労働者に任せ、白人労働者の労働条件を改善したのです。また、西欧各国は選挙制度を改正し、労働者にも参政権を与えました。政府に不満があるのなら、暴力ではなく投票で訴えなさい、ということです。

これによって、イギリスの労働党、フランスの社会党、ドイツの社会民主党といった政党が、暴力革命を否定し、議会政治を通じて社会主義を実現しようと動き出しました。「無政府主義や共産主義なんてもう古いよね」と。革命ではなく、立法によって社会主義へ移行しようというわけです。

この思想を「修正主義」と言います。

❏時代遅れのロシアで、マルクス主義の亡霊が蘇る

ところが、ヨーロッパでは時代遅れになっていたマルクス主義が蘇ってしまった国があります。それがロシアです。

なぜ、ロシアなのか。そもそもロシアには、議会がなかったからです。議会がなければ、修正主義も何もありません。

ロシアでは中世のビザンツ帝国から受け継いだ政教一致の独裁が続いていて、皇帝（ツァーリ）は神の代理人でした。

さらに、19世紀半ばのロシアは産業革命すら起こっておらず、時代は中世そのものでした。人口の大半が工場労働者ではなく、農奴でした。牛馬のように使役され、土地とともに売買されていたのです。

ロシア人無政府主義者バクーニンは、ロシア独自の革命を模索します。ロシアにおける革命とは、農民革命である。大規模な農民一揆を起こして貴族とロマノフ王

朝を倒し、国家を解体したあと、土地を村に分配すればいい、と考えたのです。

バクーニン思想に染まった知識人階級（インテリ）の若者たちが農村に潜入し、農民を啓蒙して革命の火をつけようとしました。彼らをナロードニキ（人民主義者）と言います。ロシアの革命は、この「ナロードニキ運動」から始まりました。

これを知った皇帝アレクサンドル2世は、「革命が下から起こるより、上から起こしたほうがいい」と考え、「農奴解放令」を発布しました（1861）。これは農民に移動の自由を与え、貴族の土地を農民の共同体に分配する画期的なものでした。

しかし、農民には土地代金の支払いが課され、49年ローンを組まされました。

ナロードニキの過激派はこれに反発し、皇帝が乗った馬車に爆弾を投じて皇帝を爆殺しました。彼らは徹底的な弾圧を受けながらも生き延び、社会革命党を組織します。

次にロシアに入ってきたのが、マルクス主義です。ところが、ロシアはまだ資本主義の段階ではなく、労働者階級も育っていません。ロシアのマルクス主義者たちの間では、激論になりました。

「まずは市民革命だ。当面は資本家を応援して貴族を打倒する。資本家が横暴になったら、社会主義革命をやればいい」

「いや、資本家は敵だ！　貴族を倒したら、間髪《かんはつ》を容《い》れずに労働者革命を起こし、資本家を倒せ！　二段階連続革命だ！」

前者をメンシェヴィキ（少数派）、後者をボリシェヴィキ（多数派）と言います。「社会主義」という両者の目的は一致していましたが、その手続き論で激しく反目し、二つに分裂しました。

こうしてロシアの革命運動は、ナロードニキの流れを汲む社会革命党、市民革命を支持するメンシェヴィキ、二段階連続革命のボリシェヴィキに分かれたのです。

❏「革命のチャンスは二回」訪れた

ボリシェヴィキの指導者レーニンは、強大なロシア帝国を倒す作戦を計画しました。「戦争を革命に転化せよ。ロシアが戦争に敗れた時が革命のチャンスだ！」と。

チャンスは、すぐにやってきました。日露戦争です。

日本軍が、旅順《りょじゅん》の二百三高地《にひゃくさんこうち》を攻略したのちの1905年の1月。厭戦《えんせん》ムード漂うロシアの首都ペテルブルクでは、パンと平和を求めて宮殿を訪れた平和デモに対し、軍が発砲する「血の日曜日事件」が発生。

この惨劇に端を発したストライキや武装蜂起は日露戦争の続行を困難にし、皇帝ニコライ2世は憲法の制定と国会開設を認めました（十月宣言）。資本家を国会議員として政府側に取り込んだわけです。

日本とのポーツマス条約締結で戦争は終結、レーニンたちにつけ入るスキは与えませんでした。

しかし10年後、ドイツとの総力戦となった第一次世界大戦は長期化し、首都で再び暴動が起こります。

1917年の二月革命では、国会が皇帝ニコライ2世を退位させ、資本家を中心とする臨時政府を樹立しました。

スイスに亡命中だったレーニンは、帰国すると労働者・農民代表のソヴィエト政府を樹立し、「臨時政府打倒、戦争反対！」を呼びかけます（四月テーゼ）。

「ロシアの革命は、権力を資本家に渡した第一段階から、労働者・農民が権力を奪取する第二段階へと移行する」

これに対して臨時政府は、社会革命党のケレンスキーに接近します。社会革命党はナロードニキ系の無政府主義政党です。彼らは「共産党独裁に反対」という点で協力し、ケレンスキーが臨時政府の首相となりました。

このケレンスキー臨時政府を、ボリシェヴィキが武力で倒したのが、十月革命です。

□「選挙に敗れたレーニン」は、どうソ連を樹立したのか

なぜ、レーニンは勝利したのか。

ボリシェヴィキだけが戦争反対を訴え、ドイツとの戦いに疲れ切っていた兵士の共感を得ることができたからです。兵士たちは軍を脱走し、ボリシェヴィキの軍隊（赤軍）に参加しました。「戦争を革命に転化する」作戦は、大成功したのです。

憲法制定議会の選挙が行われました。革命に成功したボリシェヴィキが圧勝するかと思いきや、社会革命党が第1党、ボリシェヴィキは第2党で、わずか24％の得票率でした。**つまりロシア国民の大多数を占める農民は、社会革命党を支持してい**

たのです。この結果を見たレーニンは、憲法制定議会に解散を命じ、第1党の社会革命党員を逮捕しました。

その後、ボリシェヴィキ改めロシア共産党の一党独裁体制が確立し、1991年までの約70年間にわたってロシアの大地を支配しました。

こうして生まれた世界初の社会主義国家、ソヴィエト連邦（ソ連）では、徹底した平等を実現するため、土地も工場もすべて国有化され、農民は集団農場に組織されました。個人の金儲けは認められません。共産党が立案した5カ年計画に基づいて生産が行われ、分配されました。オーウェンの「ニューハーモニー村」の巨大バージョンです。「ニューハーモニー村」では分配に不満を持った労働者が逃げてしまい、4年で崩壊しました。

それなのに、ソ連の体制が約70年間も続いたのはなぜか？

全国民が共産党の監視下に置かれ、言論の自由も移動の自由もなく、文句を言う者、怠ける者は「反革命罪」で銃殺されたからです。職場にもレストランにも秘密警察が常駐し、密告が奨励され、ソ連全体が巨大な牢獄と化しました。このシステムはレーニンに始まり、スターリンが完成させました。現在の中国共産党や北朝鮮の労働党は、このソ連モデルを採用したのです。
「平等だが、自由ゼロ」――これが、20世紀における最も「左」の思想です。

□自由主義を謳歌したアメリカ「狂気の黄金時代」

第一次世界大戦で、イギリスを筆頭とするヨーロッパ諸国が疲弊する一方、アメリカは着々と経済大国への地位を築いていました。

イギリスからアメリカへの覇権国家の交代を象徴するのは、貿易決済に使われる基軸通貨がポンドからドルへと変わったことです。

アメリカが世界の覇者へと成長できたのは、第一次世界大戦のおかげと言っても過言ではありません。

戦争が長期化し、欧州諸国は物資不足に苦しみます。当初中立を宣言し、戦場にならなかったアメリカは、生産設備をフル稼働し、軍需物資を輸出しました。貿易代金はドル決済で、ニューヨークの銀行へと振り込まれていきます。

こうして、国際金融の中心は、ロンドンのシティからニューヨークのウォール街へと舞台を移したのです。

実は、アメリカは戦時国債でも大儲けしています。イギリスを始めとする連合国は、軍事費を捻出するために戦時国債を発行しました。その多くが、アメリカの証券市場で売買されていたのです。**第一次世界大戦が連合国の勝利で終わったあと、戦時国債の償還（返済）という形で、アメリカには大量のマネーが流れ込みました。**

こうして集まった資金を、ウォール街の金融資本は低金利で企業に貸しつけます。そして、経営者は工場の生産ラインなど設備投資に資金を投入し、大量生産・大量消費の土壌ができあがりました。

フォード社の庶民向け乗用車やゼネラル・エレクトリック社（GE）の洗濯機、掃除機、ラジオが一般家庭に広まっていったのも、この頃です。

賃金は上昇し、生活は豊かになっていく。旺盛な購買意欲のもと、庶民はクルマや家電を買い求めるだけでなく、株式や債券、土地に投資するようになりました。

20世紀初頭、株価が上がり続けるアメリカ。学生や主婦も投資に夢中となり、空前の好景気に浮かれていたのです。

「永遠の繁栄」と呼ばれた好景気が、まさか数年後に大恐慌に一変するなど、多くの人は夢にも思わなかったことでしょう。

❑そして、「ソヴィエト型社会主義」に世界中が憧れた

1929年、自由主義経済を放任してきたアメリカの経済が、ついに破綻します。

1920年代半ば、ヨーロッパでは第一次世界大戦の傷が徐々に癒え、生産活動が元に戻ってきました。それに伴い、アメリカから欧州への輸出は頭打ちとなり、企業は売れ残った在庫を抱えるようになりました。**収益もマイナスに転じ、実体経済の成長は天井を迎えつつあったのです。**

ところが、何も知らない庶民はメディアに踊らされて株式を買い続けます。みんなが買うから株価が上がる。実体経済の裏打ちのない株価の急騰――まさに、バブル経済です。こんなことがいつまでも続くはずがありません。プロの投資家たちは、「売り」のタイミングを待っていました。

1929年の9月を境に株価は下がり始め、10月24日には株価はピークの7分の1に下落。29日には「ブラックチューズデー」と呼ばれる株価の大暴落により、暴落開始から1週間で300億ドルが吹き飛びました。これは、当時のアメリカ連邦政府の10年分の国家予算と同等だと言われています。

当時、アメリカは世界経済の中心でしたから、この影響は瞬く間に世界に広がっていきました。**いわゆる「世界恐慌」です。アメリカの失業率は約25%にも達しました。**労働者の4人に1人が職を失ったことになります。

職を失い、家賃や住宅ローンも払えなくなり、家を失い路頭に迷った人々は、こう考えました。「資本主義で豊かになるというのは幻想だった」と。

そして、彼らの目には、**共産党政権のもと、統制経済で一人の失業者も出していないソ連が、理想国家のように映ったのです。**ソ連の人権抑圧の実態は、まだ知られていませんでした。

たしかに、ソ連は独自の社会主義経済体制によって、世界恐慌の影響をほとんど受けていませんでした。

しかしスターリンの5カ年計画は、実際には多くの犠牲者を出していました。穀倉地帯のウクライナでは、共産党政権による穀物の徴発によって１００万人規模の餓死者を出しています。これが明らかになるのはソ連崩壊後のことで、共産党体制下の言論統制によって、都合の悪い情報が一切外に漏れなかったに過ぎません。西側の知識人は、共産党の宣伝（プロパガンダ）を信じ込んでいたのです。

こうして西側諸国でもソ連型の計画経済を礼賛する声が広がっていきました。アメリカでもドイツでも日本でも、ソ連型の計画経済をモデルとする修正資本主義が実行に移され、一定の成果をあげたのです。のちにイギリス人の経済学者ケインズは、これらの政策を理論化し、従来の古典派（自由主義）経済学を批判しました。

古典派経済学の父であるアダム・スミスは『諸国民の富（国富論）』で、統制経済に反対しました。個人が利益を追求すれば、「もっと稼ぎたい」というモチベーションが働き、自然と生産性が向上する。マーケットにおける自由な売買を通じて、適正価格も決まってくる。「神の見えざる手」が働くので、市場経済は上手くまわるのだ。だから、国家の統制は有害無益である、と。

これを批判したケインズは、こう考えました。

恐慌のような非常時に「神の見えざる手」は発動しない。デフレを脱却するためには、政府が積極的に道路やダムの建設などといった公共投資を行い、雇用を創出して失業者を減らすべきだ。また、通貨発行や減税によって使えるお金の量を増やし、民間投資や消費を刺激すべきだ、と主張したのです。

思想の大逆転「ルーズヴェルト大統領のリベラル宣言」

アメリカでは民主党のフランクリン・ルーズヴェルト大統領が登場し、実験的な経済政策を次々に打ち出していきました。これが「ニューディール政策」です。

企業間で協定（カルテル）を結ばせ、生産量や価格をコントロールする。政府が農家に対して生産量を制限させ、補助金を支払う。大規模な公共事業を行い、政府が失業者に職を与える……。

これらの政策は、「ニューディーラー」と呼ばれるルーズヴェルト大統領の側近たちによって立案、実行され、約25％の失業率を15％まで下げるという成果を残しました。彼らの多くは社会主義者でしたが、国民はこれに熱狂します。

いずれにせよ、この政策はアメリカの伝統的な自由主義経済をストップさせる抜本的な取り組みでした。

このニューディールに対して、財界から疑問の声が上がりました。

「政府の強力な権限によって経済を指導する。果たして、これが自由主義経済と呼べるだろうか。アメリカは自由の国だ。経済活動の自由は、合衆国憲法で保障されている。ニューディールは憲法違反だ！」

実際、彼らは最高裁に提訴し、企業間カルテルは憲法違反という最高裁判決を勝ち取りました。

思想史のうえで特筆すべきは、この時ルーズヴェルト政権が、「我々こそがリベラルだ！」と主張したことです。

ここで、自由主義（リベラル）とは本来、どういうものだったのか、もう一度振り返ってみましょう。

リベラルの思想は、もともと「個人の自由と権利が最大限に尊重される」自由主義の考え方でしたね。

ところが、ルーズヴェルト大統領がリベラルの意味を逆転させてしまいました。彼の言い分はこうです。

「自由放任の古典的な自由主義が貧富の差を拡大し、個人を不幸にした。国家が責任を持って、個人の生活を守るべきだ。社会保障をしっかりと提供し、一人ひとりの生活の面倒を見るべきなのだ。これが本当のリベラルだ」と。

ここに「リベラル」の逆転現象が起こりました。

今日、「リベラル」という言葉は、手厚い社会保障、これを実現するための強力な政府と巨大な官僚機構（大きな政府）、重い税負担と、一人ひとりに富を平等に分配するシステムのことを指しますが、これはルーズヴェルト政権に始まるのです。

ニューディール政策が政治思想史に与えた影響がいかに大きかったか、これでわかるでしょう。

□「右派＝国家」「左派＝個人」の矛盾が混乱を生む

大きな政府を志向する民主党的、ルーズヴェルト的リベラルは、個人の自由を最大限に尊重する古典的リベラルとは真逆です。そのため古典的リベラルを志向するアメリカ人は、「リベラル」という言葉を嫌い、新しい言葉を使い始めます。**それが「リバタリアニズム」です。この思想を支持する人々を「リバタリアン」と呼びます。**

リバタリアンは、あらゆる国家の統制や規制に反対する人たちです。銃は規制するな、重税も反対、福祉も必要ない、国家は治安維持だけやっていればいい。とにかく、個人の生活に干渉するな、という「小さな政府」を志向する、究極の自由主義者です。

アメリカでは世界恐慌以降、左派であるリベラル（民主党）が、大きな政府による平等分配を志向するようになりました。

すると今度は、対抗する右派の保守（共和党）が、ニューディール政策に反対します。「あんな政策は、ソ連の官僚統制経済となんら変わらない。国家権力の強大化は、個人の抑圧を招く。我々は認めない」と。

そして、「個人の自由を尊重し、福祉は最小限に抑えて減税を要求する。小さな政府を求める」というリバタリアンの思想が生まれました。これは19世紀以来の開拓農民の思想であり、アメリカにおける「保守主義」「右の思想」なのです。

このように、リベラルと保守の意味が逆転したまま現在に至り、日本でも直輸入されて使われています。

リベラルの人たちが、口を開けばやれ人権だ、国家統制をやめろ、と主張しながら、目指している方向は大きな政府、巨大な官僚機構、統制経済であり、中国の独裁と人権抑圧の体制には口をつぐむのは、こういうわけです。こうした矛盾は、リベラルと保守のねじれが原因です。

「左は自由主義、右は権威主義」という19世紀的な思想軸では、もはや今の世界を説明することはできません。

■政治思想のターニングポイント

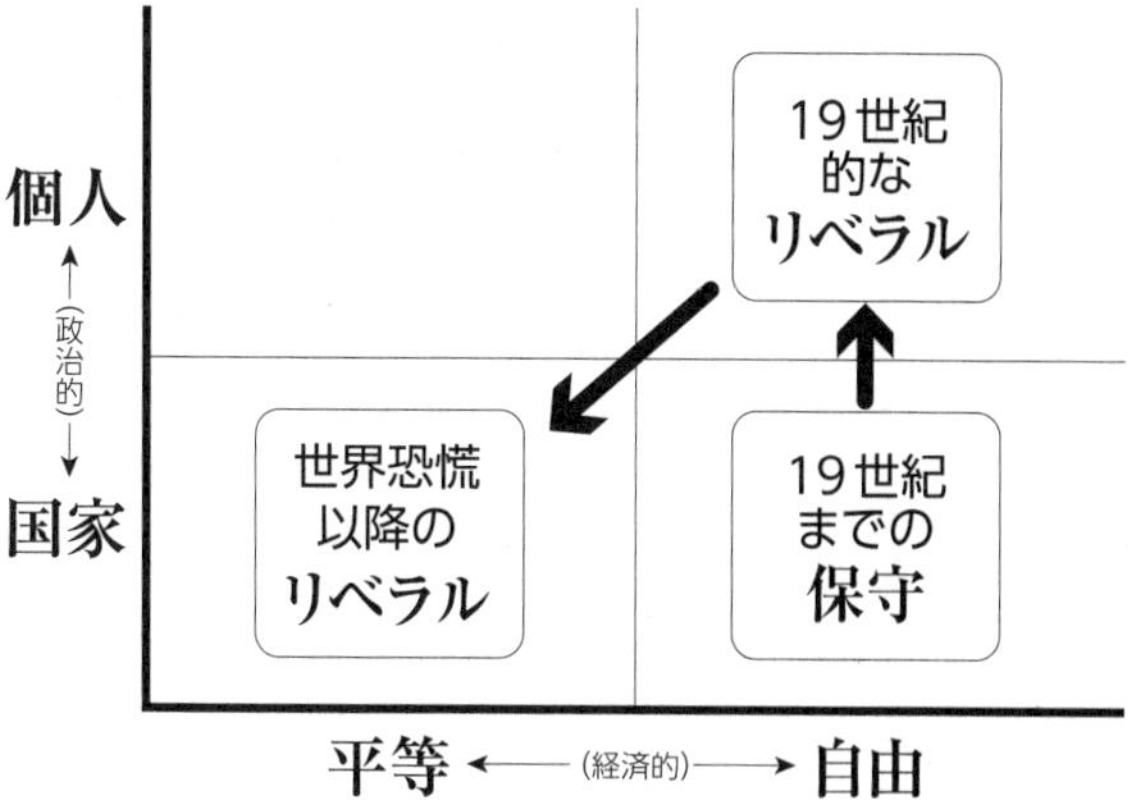

▶個人の自由な経済活動が、貧富の差を拡大し、かえって個人を不幸にした。「国家が、個人の生活を守ることこそリベラルだ」と考えるルーズヴェルト政権により、本来の意味でのリベラルと保守の意味が逆転した。

フランクリン・ルーズヴェルト（1882～1945）
民主党出身の第32代アメリカ合衆国大統領（任1933～45）。世界恐慌下でニューディール政策を掲げ、経済復興への道筋を示した。第二次世界大戦では、連合国を主導。戦後、米・英・ソ連・中国が「世界の警察官」となることを提唱した。

それに代わって、現代を読み解くキーワードとして役立つのが、「ナショナリズム」と「グローバリズム」の考え方です。ここからは、この二つの主義について見ていきたいと思います。

❏金儲けの手段は「ものづくり」から「金融」へ

グローバリズムが力を持ち始めたのは、20世紀の初頭からです。

「世界の工場」として名を馳せたイギリスですが、19世紀末には陰りが生じてきました。綿織物など軽工業中心だったイギリスは、重化学工業を発展させたアメリカやドイツに工業生産で追い抜かれてしまったのです。

ところが、イギリスは富を生み出し続けました。海外投資です。

貿易代金として、たんまりと金（Gold）を蓄えていたイギリスは、金と交換できるポンド金貨を発行します。ポンドは国際的な信用を勝ち取り、エジプトのスエズ運河、インドの鉄道網、上海《シャンハイ》の高層ビルなど、あらゆるところに投資され、そこか

■世界恐慌以降のアメリカ「政治思想マトリックス」

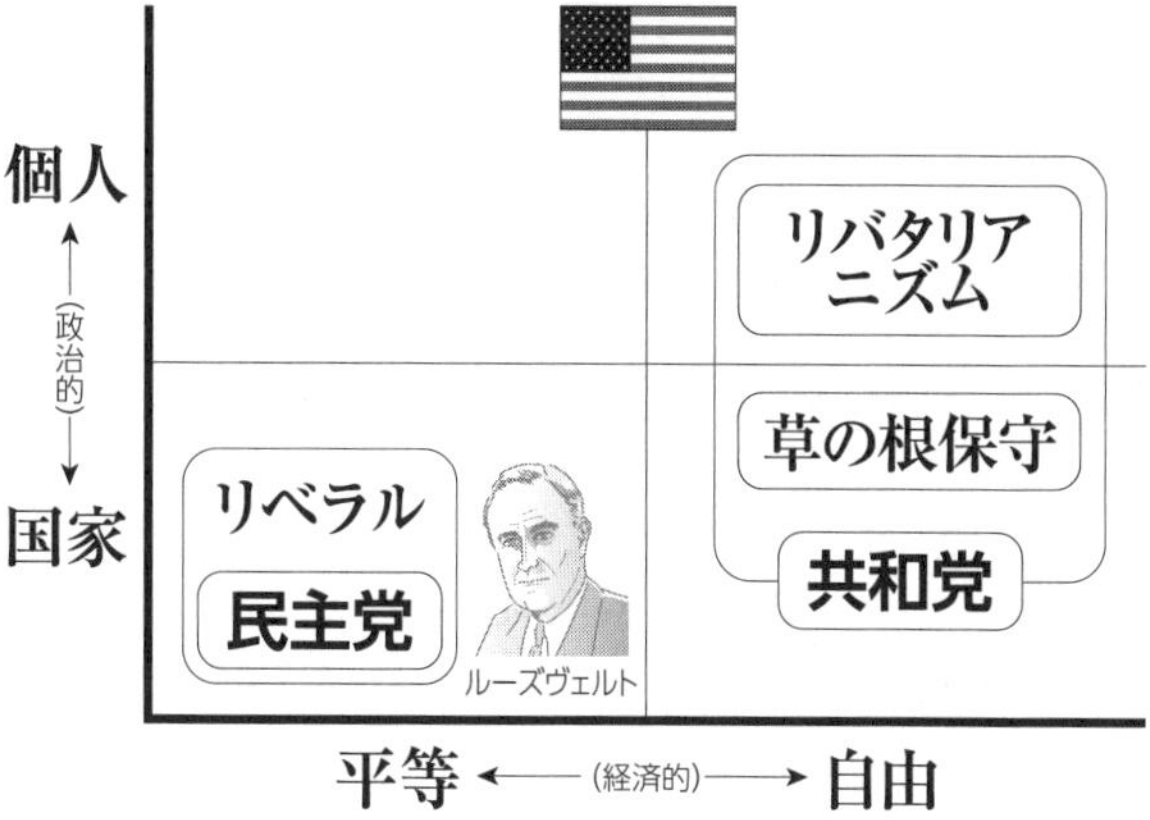

ら利益を得るようになりました。

こうして、金儲けの手段が「ものづくり」から「カネ貸し」へと向かっていきました。それに伴い、経済の中心も製造業から金融業へ、イギリスは「世界の工場」から「世界の銀行」へと変化します。ロンドンのシティは国際金融センターとなり、世界で最も金融機関がひしめく場所の一つへと発展しました。

圧倒的な経済力を背景に、ポンドが国際通貨としての地位を確立したのもつかの間、第一次世界大戦を経て、イギリスはその地位をドルに譲ることとなります。世界最大の債権国として、アメリカにマネーが集中したからです。国際金融の中心はニューヨークのウォール街へと移りました。

金融業界の人たちは、世界中で自由に投資をするためには、国境の壁は低いほうがいい、と主張します。できることなら国境をなくし、関税を取り払い、地球規模(グローバル)でヒトやモノやカネの自由な流れをつくりたい。EU(欧州連合)という形でヨーロッパ諸国が国境線を廃止したようなことを、世界レベルで実現したいと望んでいます。これがグローバリストの考え方です。

それに対して製造業界の人たちは、自由貿易には反対の立場です。自由貿易を進めると、賃金の安い新興国——たとえば中国でつくられた安い工業製品がたくさん輸入されて、国内の製造業がひっ迫します。彼らは、輸入製品には関税をかけ、国内産業を守ることを望んでいます。これが経済的ナショナリストの立場です。

この二つの勢力は、それぞれ別の政党を支持するようになります。アメリカで言えば、グローバリストの金融業界がリベラルの民主党を支持し、ナショナリストの製造業界が保守・共和党を支持するという構図ができあがっていきます。

ドナルド・トランプは、「衰退したアメリカの製造業を守るため、中国製品に高い関税をかける。労働者の賃金を守るため、不法移民を取り締まる！」と公約し、2016年の大統領選挙で当選しました。トランプは明確な「反グローバリスト」なのです。

❏アメリカの保守とは「自主独立」「孤立主義」である

「アメリカ・ファースト（アメリカ第一主義）」を掲げる大統領は、実はトランプが初めてではありません。

19世紀のアメリカ大統領は、基本的にはナショナリストでした。

それは、アメリカという国の成り立ちと深い関係があります。アメリカ大陸の東海岸にやってきたイギリス人は、新しい土地を求めて西へと向かい、先住民から土地を奪って勢力を広げていきました。いわゆる「西部開拓」です。

開拓民たちは、過酷な自然や先住民との戦いを通して、「自分の身は自分で守る」

という自主独立の精神を育んでいきます。

1783年、イギリス本国との独立戦争を経て、アメリカ合衆国の独立が認められました。独立後もアメリカは欧州諸国とは距離を保ち続けました。19世紀前半、ロシアがアラスカから南下しようとした時、第5代大統領モンローは、「アメリカはヨーロッパ諸国には口を出さない。だからヨーロッパ諸国もアメリカ大陸に介入するな」と米欧の相互不干渉を提唱しました。これを「モンロー主義」とか「孤立主義」と言い、19世紀を通じてアメリカ外交の基本姿勢となりました。

一方、自主独立の気概を持つ開拓民たちは、自国の政府に対しても、この立場を貫きました。「国防や安全保障は政府に任せるが、それ以外のことは自分たちでやる。邪魔するな」という立場です。

このように個人の独立自尊を求める開拓民精神を「フロンティア・スピリット」と呼び、アメリカの大地に根を下ろしているという意味で、彼らを「グラスルーツ（草の根）保守」と呼びます。

この「草の根保守」の精神を体現した最初の大統領が、第7代大統領アンドリュー・ジャクソンです。彼は白人開拓農民のために先住民への征服戦争を続ける一

■現在のアメリカ「政治思想マトリックス」

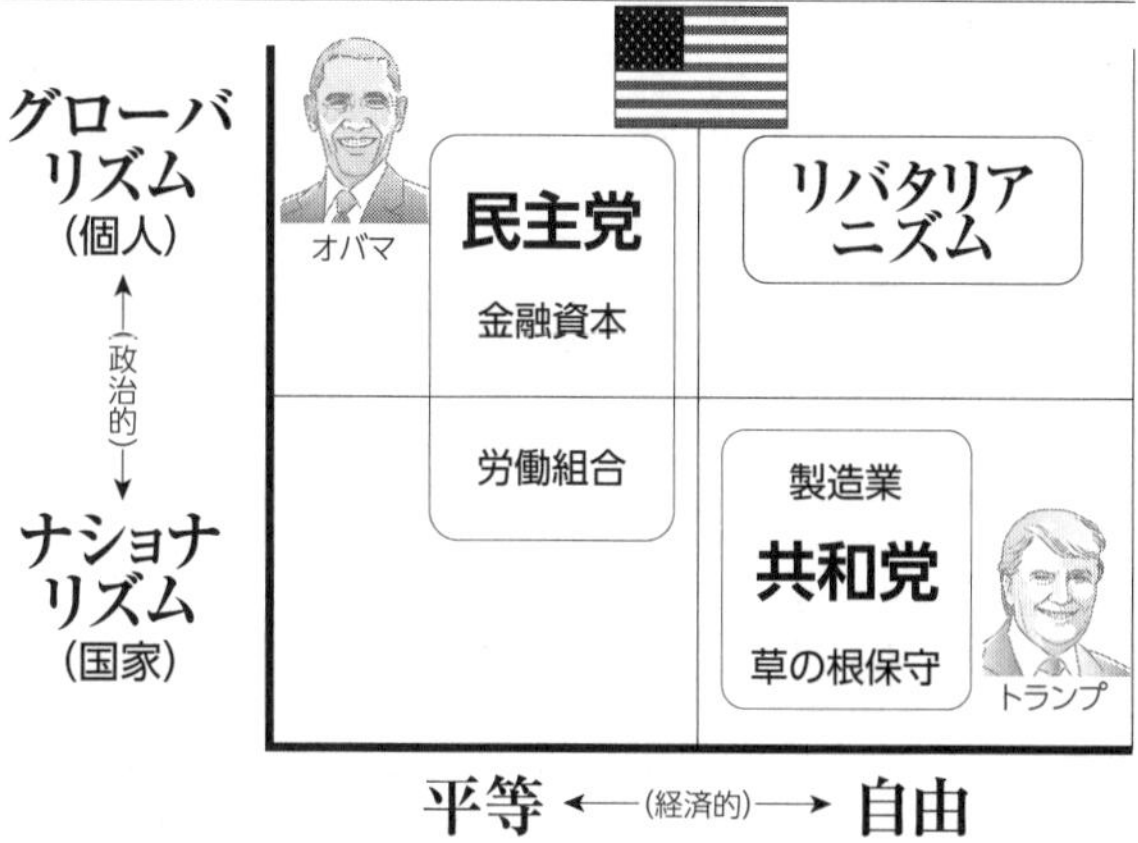

▶自由にヒト・モノ・カネの流れをつくりたい民主党と、高関税をかけて国内産業を守りたい共和党。世界恐慌時には「ナショナリズム×平等」だった民主党は、金融業界とズブズブになることで、「グローバリズム×平等」に移行した。

ドナルド・トランプ（1946～）

第45代アメリカ合衆国大統領（任2017～21）。「不動産王」として成功を収め、共和党員として2016年に大統領選に出馬。ヒラリー・クリントンを破って当選した。軍や政府の役職経験のない大統領だった。自国の製造業を守るナショナリスト。

方、ニューヨークの金融資本を敵視し、中央銀行の設立に反対しました。

ジャクソンを人種差別主義者だと嫌うオバマ大統領は、ジャクソンの肖像画を執務室から外し、20ドル紙幣のジャクソンの肖像も変更しようとしました。しかし、ジャクソンを敬愛するトランプ大統領は、すべて元に戻しました。

□なぜ、アメリカはグローバリズムへと舵を切ったのか？

外交における孤立主義と、内政における「小さな政府」というアメリカの伝統。これらをひっくり返した人がいます。

20世紀初頭、民主党の第28代大統領ウッドロー・ウィルソンです。

彼はヨーロッパのゴタゴタに首を突っ込み、第一次世界大戦に参戦しました。これはアメリカ建国以来の国是をひっくり返すほどの大事件でした。

どうしてこうなったのか。実は、ウォール街との関係なのです。

政治学者出身のウィルソン大統領は、初めからウォール街の金融資本と強く結びついていました。それを象徴する出来事が、ＦＲＢ（連邦準備制度理事会）の創設（１９１３）です。

イングランド銀行や日本銀行に該当するような強力な中央銀行をつくろうというプランは、歴代政権によって拒絶されてきました。しかし、ウィルソンはこれを認可し、しかも民間の金融機関が１００％共同出資する形で発足したのです。

中央銀行と言えば、通常は国営です。日本銀行は半官半民ですが、フランス銀行とイングランド銀行は第二次世界大戦後に国有化されました。しかしＦＲＢは今も民営です。**つまり、ウォール街の巨大金融資本が、通貨ドルの発行権を握っているのです。**

彼らは第一次世界大戦でボロ儲けし、連合国が発行した大量の戦時国債を引き受けていました。連合国がドイツに勝利すれば、この戦時国債の返済を迫り、さらに大儲けできるでしょう。ところが、ロシア革命の勃発でロシアの戦争続行が不可能になります。ドイツ軍が反転攻勢をかけ、連合国の勝利が危うくなりました。

ウィルソン大統領が参戦を決意したのは、連合国が敗北し、国債が紙くずになるのを恐れたからです。「ウォール街の債券を守りたいから参戦する」ではアメリカ国民が納得しません。そこでウィルソンは、「ドイツの潜水艦による無差別攻撃を阻止するため」という建前を掲げ、参戦しました。

ウィルソンは約100年続いたモンロー主義をかなぐり捨て、史上初めて米軍を欧州へ派遣し、連合国の勝利を助けました。大戦末期には国際連盟の設立を提唱し、「アメリカは世界の警察官になる」と言った最初の大統領でした。

これに対して「草の根保守」層が猛反発します。

「アメリカとは何の関係もないヨーロッパの戦場に、若者たちを送るな！　国際連盟などというわけのわからない組織に、アメリカ人の税金を使うな！」

共和党が多数を占めていた上院は、ウィルソン大統領が署名したヴェルサイユ条約の批准《ひじゅん》（承認）を否決し、国際連盟への加盟を拒否しました。ウィルソンが「やり過ぎた」反動で、1920年代には共和党の大統領が3代続き、アメリカは孤立主義に戻ります。しかし、世界恐慌が起きて民主党のルーズヴェルト大統領が登場すると、政府と金融資本は、またズブズブの関係に戻っていったのです。

第二次世界大戦でも、参戦したくてうずうずしているルーズヴェルト大統領は、参戦拒否の「草の根保守」の世論をどうやって説得するか、策を練っていました。

1941年12月7日朝（ハワイ時間）、日本海軍が真珠湾を奇襲攻撃してくれたおかげで、ルーズヴェルトは堂々と参戦することができたのです。彼にとって真珠湾は、「悲報」ではなく「朗報」でした。イギリスのチャーチル首相と太平洋上の軍艦で会談したルーズヴェルトは新たな国際平和機構のプランを示し、戦後は米・英・ソ連・中国が「世界の警察官」となることを提唱していました。これが国際連合であり、ウィルソン以来の民主党の悲願がついに実現したのです。

今日なお民主党政権が国連に協力的で、共和党政権が国連に懐疑的なのは、このような経緯があるからです。

ウッドロー・ウィルソン　1856〜1924

第28代アメリカ合衆国大統領（任1913〜21）、民主党。アメリカ外交の基本姿勢である「孤立主義」を破り、第一次世界大戦で米軍を欧州へ派遣。連合国の勝利に助力した。

□第二次世界大戦の「真の勝者」は？

アメリカは「ドイツのナチズムや日本の軍国主義を打倒する」ため、第二次世界大戦に参戦しました。

ところが、ドイツと日本を打ち負かすため、ルーズヴェルトはあろうことかソ連のスターリンと同盟を結び、共産主義がユーラシア大陸全体に拡散するのを助けたのです。アメリカ政府に対するソ連の諜報工作活動については、「ヴェノナ文書」の解読などで真相が明らかになりつつあります。ソ連の対日参戦と北方領土占領も、米ソのヤルタ密約（1945）によるものでした。

第二次世界大戦の真の勝者は、ソ連のスターリンだったのです。

中国でもアメリカは失策を続けました。日本軍を追い払うために、毛沢東《もうたくとう》の中国共産党を支援したのです。この結果、中華人民共和国が成立し、アメリカ資本は排除されました。

次の民主党のトルーマン大統領は、大戦後、新たな敵を設定します。

「ドイツと日本を倒したのに、別の新たな全体主義が台頭してきた。ソ連の共産主義だ！」

その共産主義と戦ってきたドイツ・日本をつぶしたのはアメリカだろう、と言いたくなりますが、このトルーマン・ドクトリンによって米ソ冷戦が幕を開け、アメリカは「共産主義を取り締まる世界の警察官」として海外展開を続けたのです。共和党もこれにつき合わされ、アメリカはグローバリズムの時代に突入しました。

❏グローバリズムは、いかにして頂点を極めたか

1960年代、中ソ関係に異変が生じます。ソ連の指導に毛沢東が反発して中ソ対立が激化、ついに国境での軍事衝突にいたったのです。共産圏分断の好機と考えた共和党のニクソン大統領は、1972年に北京を訪問し、毛沢東と和解しました。**米中和解の結果、中国では鄧小平《とうしょうへい》がアメリカ資本を導入する「改革開放」政策で経済成長のアクセルを全開にし、ウォール街は巨大な投資先を手に入れました。**

計画経済にしがみついたソ連が1991年に崩壊すると、市場経済に転換したロシ

アにも大量のアメリカ資本が流れ込み、石油やガスへの投資で儲け始めます。

冷戦終結後の1990年代、民主党のクリントン政権時代は、グローバリズム全盛でした。ニューヨークのウォール街にとって最高においしい時代だったと言えます。彼らは日本に対しても、市場開放だの、構造改革だのを要求してきました。ウィルソン時代に始まるアメリカのグローバリズムの頂点が、クリントン政権時代に訪れたのです。

クリントン政権と金融資本は、ズブズブの関係にありました。クリントン政権の財務長官だったロバート・ルービンという人物は、ニューヨーク最大の金融機関であるゴールドマン・サックスのトップでした。日本でいえば、財務大臣の椅子にメガバンクの○○銀行のトップが座っているようなものです。その慣行は、政権が変わっても続いています。

共和党ブッシュJr.政権は、「9・11同時多発テロへの反撃」として中東へ派兵し、アフガニスタンのタリバン政権を攻撃し、さらには、イラク戦争を始めました。共和党としては例外的なグローバリスト政権だったのがブッシュJr.です。

しかし、グローバリズムが勝ち続けることはできませんでした。政権と金融資本のズブズブの関係に終止符を打ったのが、「リーマン・ショック」です。

過剰なマネーが投機対象を求めて住宅ローンに流れ込んだ結果、住宅バブルの崩壊によって回収不能な不良債権化したのです。ウォール街の巨大金融資本リーマン・ブラザーズ社を破綻させたので、「リーマン・ショック」と呼ばれます。ウォール街の連鎖倒産を避けるために莫大な公的資金（税金）が投入され、米国民の怒りの火に油を注ぎました。

「草の根保守」の庶民が武器としたのは、オバマ政権時代に普及したインターネットとスマートフォンです。グローバリストたちがマスメディアを使って世論を操作することが難しくなり、ネットが世論を動かす時代が到来しました。

大手メディアがこぞって「ヒラリー・クリントン優勢」を報道していたにもかかわらず、独自のネット配信を続けたトランプが逆転勝利できた2016年の大統領選挙は、新しい時代の到来を告げるものでした。

□誰が、トランプ政権を生み出したのか？

第一次世界大戦後の「ヒト・モノ・カネ」の移動の自由を求めたグローバリズムが進んだ結果、何が起きたのでしょうか。

世界恐慌です。これに懲りた各国が採用したのは、修正資本主義と徹底的な保護主義でした。

イギリスのマクドナルド内閣は、イギリス連邦諸国（自治領と植民地の代表）をカナダに集め、連邦内を低関税にして優遇する一方で、地域外の商品には200％という高関税をかけました。これを「ブロック経済」と言います。

フランスやアメリカも、これに続きます。フランスは植民地や友好国とフラン通貨圏を築き、経済の安定を目指します。アメリカは、これまでの武力を背景とした高圧的な外交を改め、ラテンアメリカ諸国をドル経済圏に組み入れます。

その結果、何が起こったでしょうか。第二次世界大戦です。

植民地の少ない日本やイタリア、第一次世界大戦の敗北により植民地を没収されたドイツは大ダメージを受けます。これにより、戦争によって市場を確保しようと主張する世論が高まったのです。こうして、日本は満州で軍事行動を開始し、ドイツではヒトラー政権の誕生へとつながっていきます。

極端なグローバリズムが極端なナショナリズムを引き起こし、第二次世界大戦という最悪の結果を招いてしまったのです。

第二次世界大戦後、再びグローバリストが覇権を握りました。今度は、世界中で何が起こったでしょうか。

アメリカでは、国境を開いたために、中南米から移民という名の不法入国者が流入し、海外からの安い労働力によってアメリカ人の職が奪われました。移民には貧しい人が多いですから、貧富の差も広がり、国内の治安が悪化しました。

のちに、自国の国益を守る「アメリカ・ファースト」が支持されてトランプ政権が誕生します。TPP（環太平洋パートナーシップ協定）からの離脱をはじめ、国際協調より自国の利益を優先する姿勢を打ち出し、アメリカはナショナリズムへと大きく舵を切りました。

同じようなことは、ヨーロッパでも起こりました。ドイツがEUへの予算増とシリア難民の受け入れを要求したばかりに、イギリスはEU離脱（ブレグジット）を選択しました。

フランスでも、パリ同時多発テロ事件などで国内の治安が悪化すると、不法移民取り締まりを掲げる国民連合の女性党首マリーヌ・ルペンが、大統領選で2位になるという大躍進を遂げました。

イタリアでは、ナショナリストの「同盟」を率いるサルヴィーニが選挙のたびに票を伸ばし、同じく反グローバリズムを掲げる「イタリアの同胞」を率いるジョルジャ・メローニが初の女性首相に選ばれました。

今、グローバリズムに対する反動が、世界規模でナショナリズムへの傾倒となって現れているのです。

グローバリズムとナショナリズムのシーソーゲームが繰り広げられてきた結果、2010年代からは、世界中がナショナリズムに向かっています。今後、数十年は

この流れが続くことでしょう。

世界が分断の危機に立たされたのは、今に始まったことではありません。グローバリズムとナショナリズムは、長い時間の中で振り子のようにゆっくりと揺れ動いていました。

それはニュースの表層ばかり追っていても見えてきません。政治思想という軸抜きには、世界情勢の背景を深く理解することはできないでしょう。

戦後、一体どんな思想が世界史を動かしてきたのか。次章からは、各国で繰り広げられてきた「思想のスペクタクル」を解説していきます。

まずは、中国とアメリカからです。

第2章

「米中冷戦」の思想史と強いロシアの復活

□中国の裏切りで幕を開けた「米中冷戦」の因縁

自国第一主義を打ち出すアメリカのトランプ政権が、最も激しく対立、敵視した国が、中国でした。

米中対立は、初めは貿易摩擦から始まりました。中国からの安い工業製品がアメリカ市場を席捲《せっけん》し、アメリカの製造業に深刻なダメージを与えていたのです。「国内の雇用を創出する」ことを公約に掲げて当選し、製造業を支持基盤とするトランプ政権としては、座視できない問題でした。

アメリカが２０１８年から中国製品の一部に関税をかけ始めると、それに反発した中国が、アメリカ製品に同額の関税で対抗する報復措置に出ました。両者一歩も引かない貿易戦争は、２０２０年１月の協定合意でいったんは収束したかに見えましたが、新型コロナウイルス感染症が世界に広がると、中国をウイルスの発生源と見るアメリカの対中批判が激しくなり、両国は再び火花を散らし始めました。

軍事的緊張も高まり、一触即発となったアメリカと中国ですが、両国は昔から仲が悪かったわけではありません。中国を植民地支配しようとした西欧列強や日本とは違い、一度も中国を侵略しなかった唯一の大国がアメリカなのです。

アメリカは、中国へのキリスト教（プロテスタント）の布教と経済進出を夢見ていました。中国人をクリスチャンにし、東アジアに強力な親米国家を建設できると真面目に信じていたのです。日本はむしろ競争相手で、日清・日露戦争で日本が連勝すると、アメリカは日本を警戒し始めます。

日清戦争後の列強による中国分割に対し、アメリカは「門戸開放宣言《もんこかいほうせんげん》」を発し、日本が満州事変を起こしてからは、日本と戦う中華民国を一貫して支援する一方、対日経済制裁を発動しました。石油を止められた日本は真珠湾を攻撃し、日米開戦となるのです。

しかし、日本軍の撤退後、毛沢東率いる中国共産党が内戦に勝利して政権を握ると、社会主義計画経済を採用し、アメリカ資本は接収され、宣教師も追放されました。**アメリカを牛耳《ぎゅうじ》るグローバリストの国際金融資本は、中国への「片思い」が裏切られたと知り、徹底的な封じ込めに転じました。**

中国がアメリカと交戦したのは、この直後です。1950年、北朝鮮軍の韓国侵攻で始まった朝鮮戦争では、中国義勇軍が北朝鮮側について、韓国支援の米軍と戦いました。

朝鮮戦争が引き分けの形で終わったあと、アメリカは在韓米軍、在日米軍、沖縄の米軍で中国を包囲し、日本の再軍備（自衛隊の設置）を容認しました。

❑「中ソ対立」から始まった米中蜜月

建国当初、ソ連陣営についた毛沢東でしたが、長大な国境線で接するロシアと中国は、歴史的に領土問題という火種を抱えていました。軍港ウラジオストクがある沿海州は、19世紀半ばに清国からロシア帝国に併合され、今もロシア領のままです。

また、**「共産主義の本家」を自任するソ連共産党は、上から目線で毛沢東に命令**

していました。中国独自の革命を目指す毛沢東はこれに猛反発し、中ソ対立が表面化します。

アメリカとの核軍拡競争に後れをとったソ連では、スターリンの後継者フルシチョフが、核開発の時間稼ぎのためにアメリカに急接近し、「雪どけ」を演出していました。

面白いのは、毛沢東がソ連を「米国にこびへつらう右翼日和見《ひよりみ》主義者」、フルシチョフが中国を「核戦争を煽《あお》る冒険主義者」とお互いに罵倒しあっていることです。共産主義者の中で、「お前は右翼」「お前は左翼」と喧嘩していたのです。

東京オリンピック（１９６４）の開催期間中、毛沢東が最初の核実験に踏み切ったのは、ソ連からの軍事的圧力に対抗するためでした。１９６９年には中ソ国境で軍事衝突が起こっています（ダマンスキー島事件）。共産主義陣営の分裂は、アメリカにとっては絶好のチャンスでした。

ニクソン米大統領は、米中が国交を回復することで、ソ連を孤立させようと画策しました。米中和解の最大の狙いは、中国とソ連の間に楔《くさび》を打ち込み、ソ連を牽制《けんせい》することにあったのです。

当時のアメリカは、ベトナム戦争に苦しんでいました。反共主義の南ベトナム政府を支援する米軍に対し、北ベトナムの支援を受ける共産ゲリラが抵抗を続けていました。彼らに武器を提供していたのは中国でした。

民主党のジョンソン政権は、ベトナムに50万の米兵を送りますが、決定的勝利を得られぬまま戦争は泥沼化し、米国内ではベトナム反戦運動が高まりました。「ベトナムからの名誉ある撤退」を掲げて当選した共和党のニクソン大統領は、中ソ対立を利用して中国と和解し、米中両国がベトナムから手を引くという戦略を立てました。1972年、ニクソン大統領が北京の毛沢東を訪問、米中関係は劇的に改善されます。この米中両国の蜜月は、トランプの「米中冷戦」発動まで約50年間続いたのです。

アメリカの中国への歩み寄りには、もう一つの狙いがありました。巨大な中国市場です。**毛沢東により中国市場から排除されていたグローバリストたちが、「夢をもう一度」とばかりにニクソン訪中を促したのです。**

このニクソン訪中を機に、アメリカはそれまで支援していた台湾に逃亡した蔣介石《しょうかいせき》を見捨て、北京政府に乗り換えました。

□脱・計画経済と中国型グローバリズムの始まり

毛沢東のあとを継いだのが、鄧小平です。１９７８年、鄧小平は、それまでの共産主義による経済運営からの大転換を図ります。経済の自由化です。ソ連型計画経済の失敗を認め、米国型市場経済へと舵を切りました。これがいわゆる「改革開放」です。

強い国家主導で経済的平等を実現すれば、誰もが幸せになれる。これが、毛沢東の中国が目指す理想の社会だったはずです。しかし、そうはなりませんでした。

考えてみればわかることですが、どんなに働いてももらえるお金が同じなら、労働者は働く意欲を失い、真面目に働かなくなります。それに、成果を皆で平等に分け合うだけでは、パイは縮む一方です。スターリン同様、毛沢東も「反体制派の大量粛清」という恐怖と密告で人民を縛り上げ、働かせようとしましたが、人々は口では共産党を礼賛しつつ、面従腹背《めんじゅうふくはい》で働くふりをしていたのです。経済成長がなければ分配するものもなく、国も、人々の暮らしも豊かになっていきません。

鄧小平は、経済を発展させるために人民に「金儲けの自由」を認めました。アメリカや日本の資本を中国国内に呼び込むことにしたのです。

「これから中国は変わります。市場開放します。どんどん投資してください」

こうして中国は、グローバリズムを受け入れました。すべては、経済発展のためです。

ただし、これは外向きのメッセージで、内向きには一党独裁を維持しました。つまり、**人民は「金儲けの自由」は享受できましたが、「政治批判の自由」は与えられなかったのです。**

一党独裁下の市場経済――これが鄧小平という指導者の賢さです。

土地も国有のままで、企業は共産党の認可を受けて国有地の使用を認められ、ビルや工場を建設します。この許認可を得るために、企業は共産党幹部にワイロを贈り、政治腐敗が深刻になりました。貧しい者の味方だったはずの共産党幹部が豪邸に住み、ベンツに乗るようになったのです。

共産党独裁のもとでは、これを批判する野党が存在せず、マスメディアもすべて国営ですから、共産党政権に都合の悪い報道はしません。

こうして、中国共産党の腐敗は際限なく広がっていったのです。腐敗を正すためには言論の自由が必要ですが、言論の自由を認めてしまうと、一党独裁が維持できません。

誰にも明かさなかった「鄧小平の本懐」

この矛盾が爆発したのが1989年の天安門事件でした。鄧小平は、言論の自由を求める民衆を戦車で踏みつぶすことで、独裁強化に大きく舵を切ったのです。

天安門事件は西側諸国から非難と制裁を招き、中国共産党は危機を迎えました。しかし、グローバリストたちは中国市場への回帰を強く望み、これに押される形で民主党のクリントン大統領が1998年に訪中し、天安門事件はまるでなかったかのように、対中投資が再開されました。

「人権よりも金儲け」――これがグローバリストの本質です。

その本質を見抜いていた鄧小平は、勝利したのです。

2019年から始まった「香港の自由を守れ」という市民運動に対し、習近平《しゅうきんぺい》政権は警察を使って徹底的にこれを弾圧し、ついには「香港国家安全維持法」を制定して、香港の自治権を事実上剝奪《はくだつ》しました。

トランプ政権は香港の運動を支持し、香港弾圧を命じた中国政府要人の在米資産を凍結できる「香港人権・民主主義法」をアメリカ議会が可決しました。

ところが、日本では、この期に及んで習近平を国賓として招こうという声が自民党内にあります。

自民党のバックにいるのは経団連。日本版グローバリスト集団です。トヨタ自動車は、中国企業と合弁で燃料電池会社を立ち上げ、ドイツのフォルクスワーゲン社も中国市場なしにはやっていけません。習近平は、これらのグローバル企業を優待することで、今回の香港危機も切り抜けられると高をくくっているのです。

■グローバリズムへと舵を切った中国

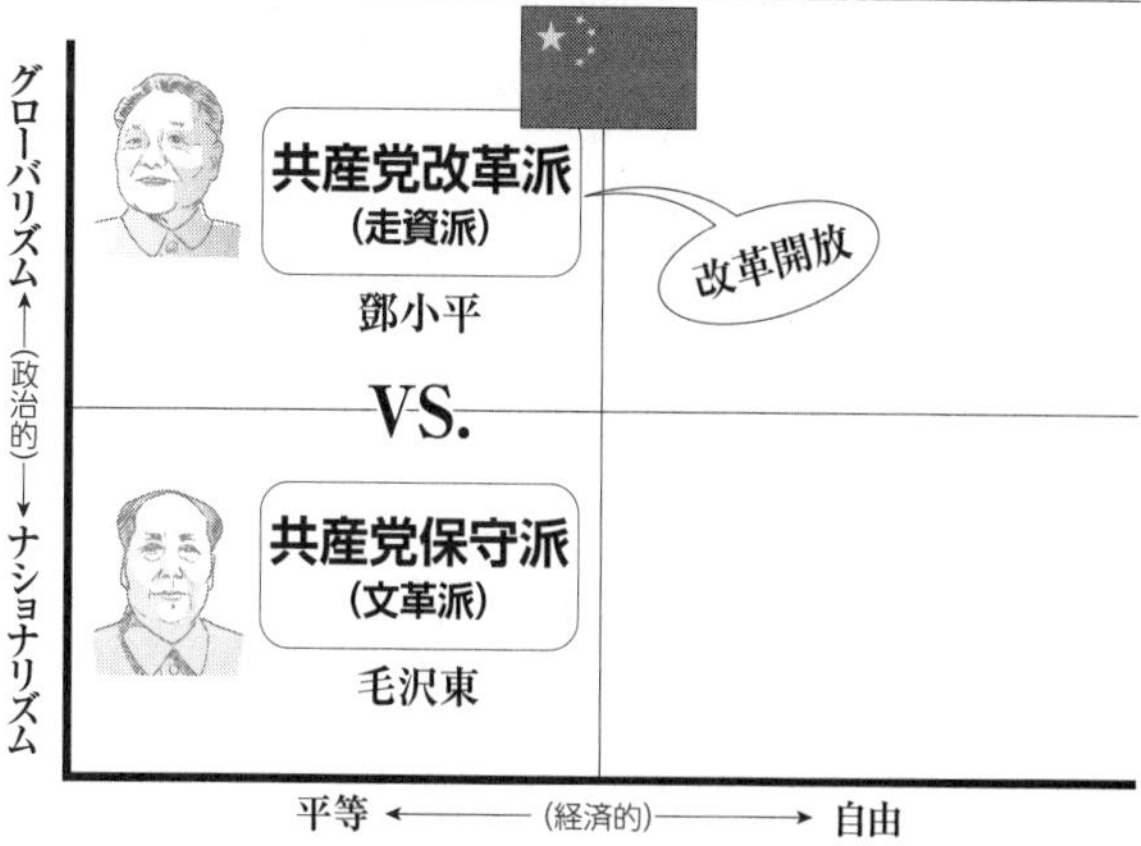

毛沢東（1893～1976）

1949年の中華人民共和国建国の父であり、初代国家主席。湖南省の農民出身、中国共産党の創立メンバーに加わる。長征、日中戦争を経て、党内の指導権を獲得。「大躍進」政策と「文化大革命」を断行し、多数の死者を出した。

鄧小平（1904～97）

中国共産党の指導者。四川省出身。毛沢東を支えるが、文化大革命で資本主義への傾倒を批判され、失脚。毛沢東の死後、復活。外国資本を受け入れる「改革開放」に踏み切り、中国の近代化に貢献した。

現在、中国が虎視眈々《こしたんたん》と狙う南シナ海における覇権樹立も、1970年代、鄧小平の時代に立案された「列島線」という概念がもとになっています。

この計画は、東シナ海と南シナ海、さらにはサイパンやグアムあたりの太平洋までを中国海軍の支配下に置く、というものです。

戦後、これらの地域にはずっと、横須賀を母港とするアメリカ第7艦隊が展開しています。中国は、この海域から米軍に出ていってもらいたいのです。「ハワイの向こうは任せますから、グアム島からこっちは中国に任せてほしい」というのが中国海軍の本音です。

このような壮大な計画を練りながら、鄧小平は、その野望を微塵も表には出しませんでした。中国が真の実力を蓄えるまでは、アメリカを挑発しない。じっと待つのが最善の策と考えたのです。

鄧小平が貫いた外交姿勢は、「韜光養晦《とうこうようかい》」と呼ばれています。「能ある鷹は爪を隠す」といった意味です。その後も、江沢民《こうたくみん》、胡錦濤《こきんとう》と続く歴代の指導者は、アメリカとの友好関係を演出してきました。

鄧小平が実施した改革開放によって、アメリカや日本をはじめとする外国資本による対中投資が進み、１９８０年代には製造業をはじめ中国の経済が急激な発展を遂げました。これが、のちにアメリカに莫大な対中貿易赤字をもたらし、アメリカのナショナリズム回帰と米中貿易摩擦を引き起こす要因ともなるのです。

❑共産主義の「格差社会」という大いなる矛盾

グローバリズム路線への転換により経済成長を成し遂げた中国で、大きな問題となっているのが「貧富の格差」です。

鄧小平以降、企業の民営化は認められましたが、土地は今でも国有なのです。企業が自由に土地を購入し、建物や工場を建てることはできません。許認可権を握る共産党から、国有地を借りなければなりません。

そこに癒着の構造が生まれます。企業からワイロをもらい、土地使用で便宜をはかる共産党幹部が現れるわけです。

特に甘い汁を吸ったのは、中国最大の経済都市に発展した上海を中心とする沿岸部です。上海は、鄧小平の部下だった江沢民が基盤とした都市で、彼を筆頭に共産党内に形成された派閥を「上海閥」と言います。

共産党幹部との癒着構造は、外国企業にもうまみがありました。一党独裁の中国では、人民に言論の自由はなく、デモやストライキも認められていません。外国企業は党幹部にワイロさえ贈っておけば、あとは安い労働力を存分に使って安定的に生産できるわけですから、両者の利害は一致していたのです。

グローバリズムの波に乗って私腹を肥やした党幹部とその親族は、海外旅行にも出かけて散財するようになりました。これが世界中で見られた「爆買い」の正体なのです。

こうして貧富の格差が広がり、経済の平等を求める社会主義が名ばかりのものになっていくと、その反動で原点回帰の動きが出てきます。胡錦濤のあとに国家主席の座についた習近平は、ここに目をつけました。

「本来の社会主義を取り戻すため、中国共産党の創始者である毛沢東の思想にもとづく改革を進めよう！　汚職を撲滅しよう！」というキャンペーンを張ったのです。これには誰も反対できません。習近平は警察組織を総動員して、汚職に手を染めた党幹部を次々と摘発していきました。

しかし、習近平の家族とその取り巻きだけは、一人も逮捕されません。習近平の姉は不動産王で、香港にタワーマンションを何棟も持っている大富豪です。これは「汚職摘発」の名を借りた権力闘争であり、「逮捕されたくなければ、オレに従え」という習近平のメッセージなのです。

習近平のやり方に反発したのが、アメリカの国際金融資本でした。彼らを儲けさせてくれた上海閥は、グローバリストたちには身内同然の存在です。アメリカのオバマ民主党政権が習近平を叩き始めたのは、グローバリストたちがバックについていたからです。

このあたりから、習近平のプランが狂い始めました。

□アメリカの虎の尾を踏んだ中国

習近平が演説でよく使うのが、「中国の夢」という言葉です。

「アヘン戦争以来、列強に踏みにじられてきた中国。毛沢東は独立を回復し、鄧小平は豊かさを実現した。そしてこの私、習近平は、強い中国を実現するのだ！」

習近平は、この「中国の夢」を追い求めるあまり、南シナ海における海上覇権の野望を露骨に表に出すようになりました。これによりアメリカ海軍は警戒を強めていきます。

鄧小平以来の中国は、覇権国家になりたいという本音を隠してアメリカからの投資を受け入れてきました。ところが、習近平政権は、アメリカに対しても挑発的な振る舞いをするようになりました。ＧＤＰ世界第２位の実力を蓄えた今、もはやアメリカの顔色をうかがう必要はない、と習近平は思ったのかもしれません。

習近平は、外資を受け入れて稼いだ利益を、海軍の軍拡に使い始めました。南シナ海を「自国の領域」と一方的に主張し、勝手に埋め立ててつくった人工島を軍事拠点化しています。南シナ海をめぐっては、同じように領有権を主張するベトナムやフィリピン、マレーシアなどの国々との領土紛争に発展しています。

なぜ中国は、南シナ海に強硬に進出しようとするのでしょうか。

■グローバル化しすぎた「中国の原点回帰」

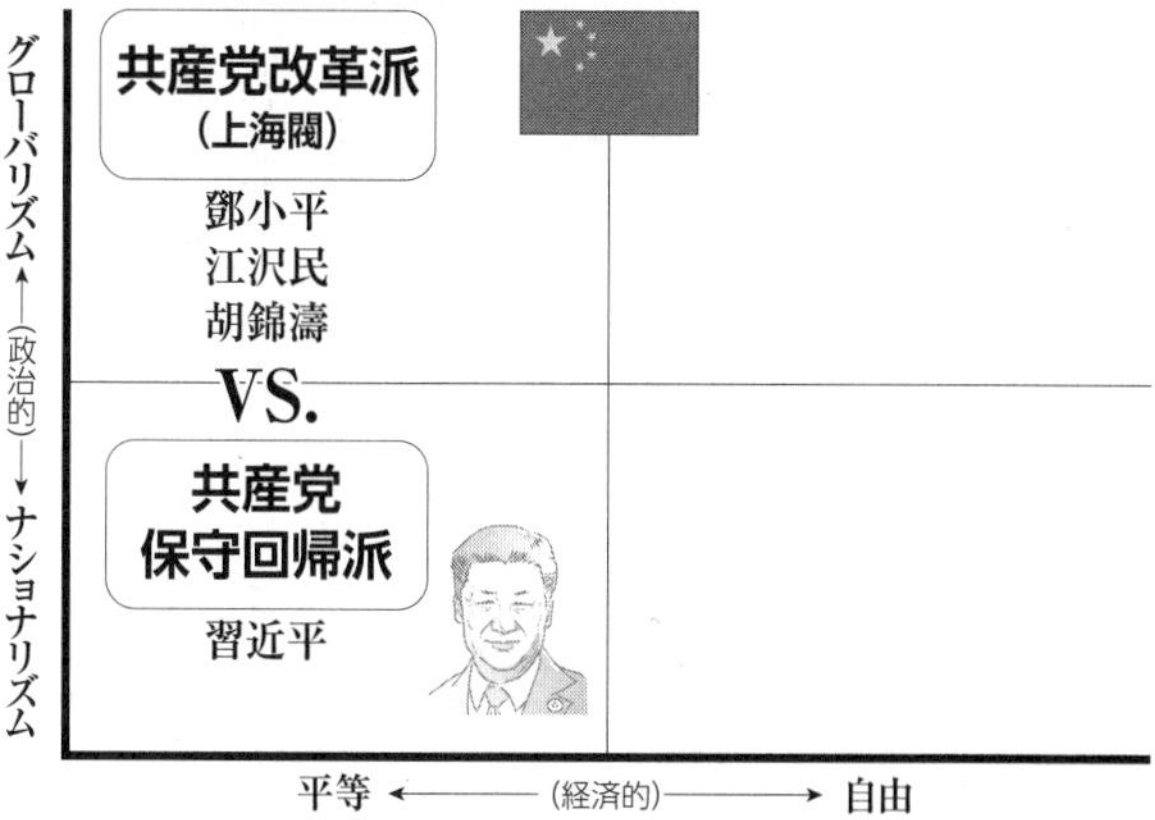

▶「改革開放」によりグローバル化したことで、中国共産党が党幹部の私腹を肥やすだけの組織になっていった。その反動で、中国の原点である「ナショナリズム×平等」を掲げる習近平に民衆は期待した。

習近平（1953～）

中華人民共和国の国家主席（2013～）。清華大学卒業後、地方でキャリアを積み、2007年に上海市党委員会書記となる。12年、総書記、中央軍事委員会主席に就任。「中華民族の復興」を掲げ、幹部の汚職の摘発に力を注ぐ。一方、香港国家安全維持法で香港の自治権を無力化した。

中国の狙いは、資源とシーレーン（海上輸送ルート）の確保です。

まず、南シナ海には石油や天然ガスなどの海洋資源が大量に眠っています。天然資源を輸入に頼っている中国は、エネルギーにおける安全保障と独立性を確保するためにも、南シナ海を何としても手に入れたいはずです。

南シナ海はまた、中国が石油を輸入するうえでの海上交易の要衝でもあります。中国が輸入する石油の大半は、中東から南シナ海を通って中国本土に輸送されます。輸送ルートの中でも最大の要衝は、マレー半島とスマトラ島の間に位置するマラッカ海峡です。

現在この海峡には、横須賀基地を拠点とするアメリカ第7艦隊が展開しています。もし今、米中戦争が勃発すれば、アメリカにこの海峡を押さえられて、中国は石油の輸送を止められてしまうでしょう。それを防ぐためにも、中国海軍が南シナ海を掌握する必要があるというわけです。

中国の露骨な軍拡を、トランプ大統領が黙って見ているはずはありません。彼の本音としては、国内の経済の立て直しを最優先するため、国際問題にはできるだけ首を突っ込みたくなかったのです。「世界の警察」から降りたいし、中国にも構いたくない。しかし、**この地域に展開するアメリカ海軍の安全が中国に脅かされている事態を見逃すことはできません。**

中国は、アメリカの虎の尾を踏んでしまったのです。

□米中冷戦の背景に「叙任権闘争」あり

両国の関係を悪化させている原因は他にもあります。日本ではあまり報道されていませんが、もっとも根深いのは宗教問題です。

そもそも、アメリカという国が「理想のキリスト教国家を建設しよう」という信念に燃えた人々によって建国されたことは、すでに述べました。

アメリカ大統領は就任式で聖書に手をついて宣誓を行いますし、熱心なクリスチャンの割合は、欧州諸国よりはるかに多いのです。

この宗教国家アメリカと、共産主義に基づく無神論国家の中華人民共和国では、価値観が合わないのは当たり前です。

２０１８年10月４日、マイク・ペンス米副大統領が演説を行い、経済・外交・軍事の多方面から約１時間にわたって中国批判を展開しました。その中で彼が厳しく追及したのが、中国政府における宗教弾圧です。

ペンスの人物像を詳しく見てみると、その理由がよくわかります。彼は、アメリカ国内では少数派のカトリック教徒ですが、『聖書（福音書）』の教えを絶対視する点で、プロテスタントの保守系キリスト教徒（福音派）の支持を受けています。

福音派は、『聖書』の教えに反する人工中絶や同性愛には反対の立場で、まもなく世界最終戦争が起こり、神が再臨するという「終末論」を信じています。アメリカには福音派の人々が約25％いて、共和党の岩盤支持層になっているのです。アメリカが本質的に今も宗教国家であり、この価値観を守ろうとするのが共和党政権ですから、中国における宗教問題は座視できないのです。

では、中国で、どのような宗教問題が起きているのでしょうか。

全世界のカトリック司教の任命権は、バチカンのローマ教皇が握っています。しかし、中国共産党は、それを認めていません。その代わり、**無神論の共産党政権がカトリックの司教を任命するという、奇妙な現象が起こっています。**

中国では、バチカンが任命した司教も活動していますが、共産党政権は彼らを弾圧しています。見つかれば十字架も教会も破壊されてしまうので、秘密裏に集会を開いているのです。これを「地下教会」と言います。まるで江戸時代の隠れキリシタンのようです。

ところが、ローマ教皇フランシスコ（アルゼンチン出身）は、ついに中国政府公認の司教を追認する方向で合意しました。この決定に対しては、カトリック教会内部でも批判が起こっています。自身がカトリック教徒であるペンス副大統領は、中国政府の宗教弾圧と、これを黙認しているバチカンを強く批判しました。

「中国政府は先月、中国最大級の地下教会を閉鎖しました。全国的に、当局は十字架を取り壊し、聖書を燃やし、信者を投獄しています。そして中国政府、明白な無神論者である共産党が、カトリック司教任命という直接的な関与についてバチカンと合意に達しました。中国のクリスチャンにとって、これは絶望的な時代です……」

世俗の政治権力とカトリック教会とが聖職者の任命権で争うことを、「叙任権闘《じょにんけんとう》争《そう》」と言います。

中世ヨーロッパでは、神聖ローマ皇帝ハインリヒ4世が、自分の言うことを聞く司教を勝手に任命していました。それに対して、ローマ教皇グレゴリウス7世が異を唱え、ハインリヒ4世を破門したのです。ハインリヒ4世は、グレゴリウス7世に許しを請いました。これが「カノッサの屈辱」と呼ばれる事件です。

中国とバチカンが対立する宗教問題は、「現代版カノッサの屈辱」とも言えますが、膝を屈したのは〝皇帝〟習近平ではなく、〝教皇〟フランシスコだったわけです。

日本にも、仏教系を中心として、たくさんの宗教法人がありますが、中国におけるチベット仏教の弾圧に対して声を上げている団体が、いくつあるのでしょう？

❑「一帯一路」は、帝国主義の再来か

2013年、習近平は「一帯一路」計画を提唱しました。中国と欧州を結ぶ地域を陸路と海路で結んで巨大な広域経済圏をつくりあげようという構想です。はるか昔に漢の長安（今の西安）とローマを結んだ交易路をなぞって、「新シルクロード構想」とも呼ばれています。

中国から中央アジアを経由してヨーロッパへと続く陸路を「一帯」、南シナ海からインド洋を通ってヨーロッパへ向かう海路を「一路」と名づけ、これらの地域に位置する中央アジアや中東の国々に鉄道や港湾などのインフラ投資を行い、交易や貿易を発展させていくことが目的だと中国政府は説明しています。

2015年には、一帯一路構想のインフラ整備へ融資する役割を担う国際金融機関として、「アジアインフラ投資銀行（AIIB）」を北京に立ち上げました。

この元手となったのは、言うまでもなく、急激な経済成長を遂げた中国が安価な工業製品を世界中に売りまくって稼いだお金です。この余剰資金を使って、インフラの不足するアジアの国々へ投資し、影響力を行使したいと習近平は考えたのですが、それでも資金が足りないため、西側諸国にも参加を呼びかけました。

設立当初は57カ国だった参加国は、2024年1月時点で94カ国・地域に増えています。ただし、アメリカと日本は、AIIBへの参加を見送っています。

なぜなら、途上国への経済援助を行う国際金融機関としては、アメリカ主導の世界銀行と、日米主導の「アジア開発銀行（ADB）」がすでに機能しているからです。別の言い方をすれば、「AIIBはアメリカ主導の既存の枠組みに対抗する中国の挑戦である」。アメリカは、そうとらえています。

一帯一路構想やAIIBを通して、中国がアメリカに代わって世界の経済発展に貢献しようとしているように見えるかもしれませんが、実態は違います。

AIIBは融資のための審査基準がゆるゆるで、返済できないほどの多額のお金を途上国にばらまいているのです。「審査を厳しくして融資のスピードが遅くなると、途上国の要望に応えられない」というのが中国側の言い分ですが、借りたお金を返済できず、事業が破綻するケースが続出しています。

破綻するとどうなるかというと、建設した鉄道や港や鉱山などを中国がすべて押さえてしまいます。「貸した金を返せない？　じゃあ、この事業は我々中国が全部もらおう」というわけです。

アメリカが貸し渋るような国をターゲットにして、不良債権化したら、それを借金のカタに差し押さえる。やっていることはサラ金と同じです。

このようなやり方を「帝国主義」と呼びます。19世紀にイギリスやフランスがアフリカや中国でやったのと同じ手口です。

19世紀末、産業革命を経て、すでに「世界の工場」となっていたイギリスに加えて、工業化に成功したアメリカ、ドイツ、日本は植民地を獲得し、植民地相手に自由貿易を広げていきました。その一方で、植民地以外の国々に対しては高関税をかけ、外国製品を排除しました。つまり保護主義に戻ったのです。

一見するとグローバリズムの自由主義に思えるものの、根底にあるのは、ナショナリズムの保護主義。これが「帝国主義」の正体です。

そう考えると、中国が推し進める一帯一路構想とは、グローバリズムの皮をかぶった帝国主義の再来ともいえるのです。

□「ユダヤ人の恨み」が東西冷戦を引き起こした!?

ここからは、戦後のアメリカ政治を動かしてきた政治思想マトリックスを見ていきましょう。

世界恐慌期にルーズヴェルト大統領が実施した「ニューディール政策」を機に、「保守」と「リベラル」の意味が逆転したことは、すでに述べたとおりです。

これ以後のアメリカ「保守」とは、個人の自由が最大限、尊重されるべきとする考え方を指します。福祉は最小限に抑えて、税を軽くする「小さな政府」を志向する立場です。これが現在の共和党の支持層です。

この立場をとるのは、アメリカ南部や中西部の農村地帯に多く住んでいる「草の根保守」の中間層です。最初にイギリスからやってきた白人たち、政府の力を借りずに自力で西部を切り拓いた開拓農民の子孫です。

これに対して「リベラル」は、国家が責任を持って富を分配し、個人の生活を守るべきという立場です。重い税負担を求める代わりに、手厚い福祉を提供する「大きな政府」を志向します。これが民主党の支持層です。

彼らは主に19世紀後半にアメリカにやってきた移民たちです。すでに西部開拓の時代は終わり、土地が手に入らなかったため、彼らは低賃金で長時間働く工場労働者として苦しい生活を強いられました。自分の力では自分の生活を守れない、だから政府が低所得者層の生活の面倒を見るべきだ、と主張し始めたのです。

平等を実現するため、私有財産の制限、生産手段の国有化を求める思想を、社会主義と言いましたね。民主党的リベラルは、社会主義に近づいていったわけです。

ここで、アメリカ政治にも大きな影響を与えた「トロツキスト」と呼ばれる社会主義者たちについてお話ししましょう。

トロツキストのルーツは、ロシア革命まで遡ります。

１９１７年、レーニンが指揮するボリシェヴィキ（共産党）が帝政ロシアを倒すために立ち上がったロシア革命には、たくさんのユダヤ人が参加していました。

なぜなら、ユダヤ人は帝政ロシアにおいてすさまじい迫害を受けており、ユダヤ人にとって帝政ロシアは倒すべき相手だったからです。共産党の幹部にもユダヤ人は多く、レーニンは母方がユダヤ人でしたし、赤軍司令官のトロツキーもユダヤ人でした。

革命で戦ったユダヤ人たちには、ニューヨークの金融資本から資金援助があったと言われています。彼らの多くも、ロシアからニューヨークへ逃れた亡命ユダヤ人でした。そういう背景もあって、ロシア革命を「ユダヤ革命」と呼ぶ人もいるくらいです。

ところが、レーニンが死去すると、共産党内部でスターリンとトロツキーの権力闘争が起きます。トロツキーをはじめとするユダヤ人たちは、後進国のロシアだけで社会主義を実現するのは不可能と考え、「世界革命」を掲げて西欧諸国での革命を優先しようとしました。

これに対してスターリンは、究極の国家主義者でした。彼は少数民族のジョージア人（グルジア人）ですが、ロシアを偉大ならしめようと考えたのです。彼は世界革命に消極的で、エネルギーすべてをソ連の国内建設に振り向けようとしました。

結局、トロツキーはスターリンとの権力闘争に負け、党を除名され、国外に追放されます。トロツキー支持者のユダヤ勢力は共産党から排除され、多くのユダヤ人

■ソ連共産党の派閥抗争

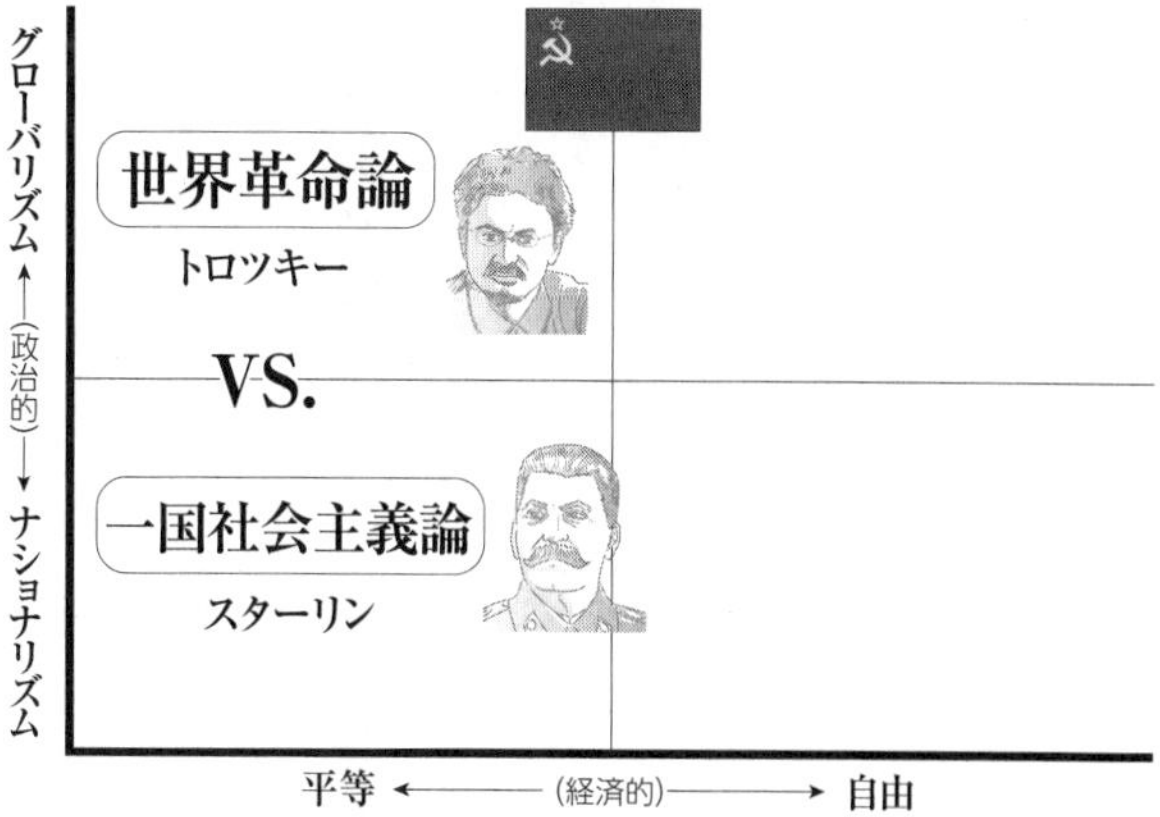

ヨシフ・スターリン（1878～1953）

ソヴィエト連邦の最高指導者。レーニンの死後、書記長として独裁的権力を握る。権力闘争の末、トロツキーら反対派を次々と粛清。一国社会主義の立場を取り、ソ連の工業・農業の集団化に努め、ソ連を大国の地位に押し上げた。

レフ・トロツキー（1879～1940）

第二次ロシア革命の指導者。レーニンの死後、赤軍司令官として世界革命を目指し、一国社会主義を目指すスターリンを批判した。その後、スターリンとの権力闘争に敗北し、1940年に亡命先のメキシコで暗殺された。

が殺されました。この「大粛清」の末、スターリン独裁体制が誕生するのです。

ニューヨークのユダヤ系金融資本からすれば、これは大きな裏切りでした。

「ロシア革命に、あれほど資金援助したのに、恩を仇で返したな、スターリン」と。

□民主党を陰で操るトロツキストたち

スターリンによる迫害を逃れ、トロツキーの支持者たちはソ連を脱出し、世界各国に散らばっていきました。彼らのことを「トロツキスト」と呼びます。

トロツキストの目標は、再び世界革命を起こし、スターリン型独裁ではない「真の社会主義国家」を建設することでした。トロツキストは、ヨーロッパやアメリカ、日本にもやってきました。

アメリカに移ったトロツキストは、民主党に加わります。ウィルソン政権以来、民主党の影の支配者はユダヤ系が多数を占めるウォール街の金融資本であり、彼らがトルーマン民主党政権を動かして、米ソ冷戦を仕掛けたのではないかとも考えられるのです。

アメリカは、手のひら返しで対ソ封じ込め政策を実施しただけでなく、膨大な資金をつぎこんで軍事競争を煽り、ソ連に莫大な額の軍事費を使わせ、ソ連を苦しめました。ウォール街は軍需産業（武器メーカー）にも莫大な投資をすることで、利益を上げています。

第二次世界大戦後、ユダヤ人は中東のパレスチナにイスラエルを建国しました。この人工国家の成立により、それまでパレスチナに住んでいたアラブ人が難民となり、周辺アラブ諸国に助けを求めました。この結果、イスラエル vs. アラブ諸国の中東戦争が繰り返されたのです。

トロツキストは豊富な資金力を後ろ盾にして、アメリカ政府にイスラエルへの支援を働きかけます。アメリカ国内でユダヤ人の影響力は無視できないため、民主党政権は基本的にイスラエル寄りの中東政策をとり続けてきました。

ちなみに、共和党は、サウジアラビアやクウェートなどの産油国に利権を持つ国際石油資本とのパイプが太く、イスラエルにはほとんど関心がありません。

イスラエルが唯一、勝てなかったのが第二次中東戦争（スエズ戦争）ですが、こ

■第二次世界大戦後のアメリカ「政治思想マトリックス」

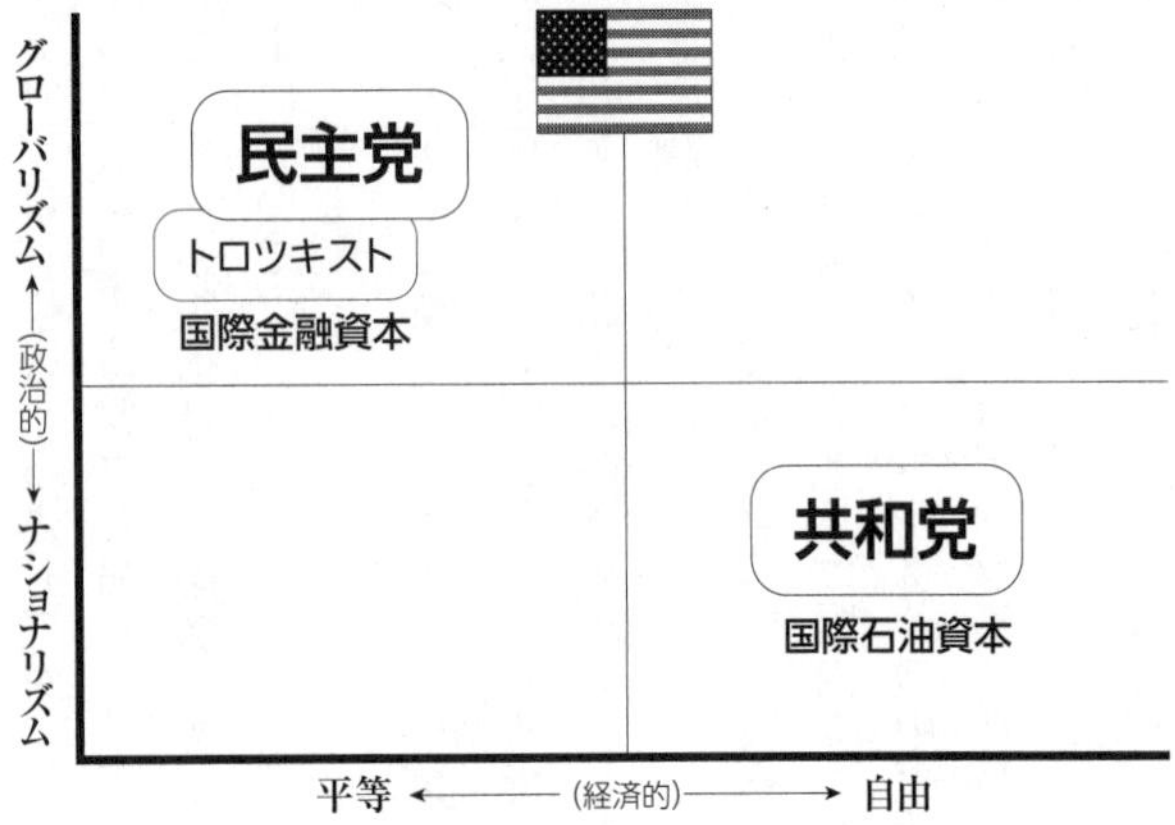

の時アメリカはアイゼンハワー共和党政権で、イスラエルを支援しなかったのです。イスラエルが領土を拡大した第一次中東戦争、第三次中東戦争では、アメリカは常に民主党政権で、イスラエルに寄り添いました。しかし、中東戦争のたびにイスラエルを支援することに対し、「草の根保守」のアメリカ国民の不満が高まっていきます。「イスラエルはいい加減にしろ」という空気が民主党内でも支配的になり、アラブと和解するようイスラエルに圧力をかけるようになりました。もうこのあたりで、アラブ側と妥協しろ、というわけです。

そして1978年、民主党のカーター

大統領は、なかば強引にエジプトとの間で和平合意をまとめてしまったのです。

面白くないのは、トロツキストです。「アメリカは自分たちの魂の祖国であるイスラエルを見捨てた。今度はアメリカに裏切られた」と彼らは憤慨します。**当てにならない民主党を見限ったトロツキストは、その反動で共和党に入党したのです。**

イラク戦争をそそのかした「ネオコンの正体」

カーター大統領の次に政権を握ったのは、共和党のレーガン大統領です。

レーガン大統領は、ソ連を「悪の帝国」と批判し、共産主義陣営に対して強硬な姿勢で臨みました。トロツキストは、このレーガン政権のブレーンとなり、政権を全面的に支えました。

トロツキストは本来、「あらゆる独裁政権を倒し、革命を世界に広げたい」という理想を掲げる人たちです。個人の自由を最大限に尊重するアメリカの民主主義の思想は、彼らと相性がよかったのです。「アメリカの理念を世界に輸出しろ」とトロツキストは主張し始めます。

さらに重要なことは、イスラエルに敵対するアラブ諸国をソ連が軍事援助していたことです。イラクのサダム・フセイン大統領、エジプトのサダト大統領、リビアのカダフィ大佐、シリアのアサド（父）大統領、いずれも親ソ派の社会主義者でした。彼らを倒し、中東全体を民主化し、イスラエルの安全を確保することこそ、トロツキストの使命となったのです。

このレーガン政権時代から、トロツキストはアメリカ政府の中枢に入り込み、外交や軍事の分野で強い影響力を持つようになっていきます。

彼らが、いわゆる「ネオコン」と呼ばれる人たちです。ネオコンとは、ネオ（＝新しい）コンサヴァティズム（＝保守主義）の略です。

伝統的な「草の根保守」に対して、新たに共和党に転向したユダヤ系保守主義者を「新保守主義者」と呼んで区別するのです。

レーガン大統領が強硬な対ソ政策で冷戦終結への道筋をつけ、次の共和党ブッシュ（父）大統領の時にソ連は崩壊し、アメリカは冷戦に勝利します。ネオコンは共和党政権をコントロールして憎い相手であるソ連を倒し、中東の親ソ政権に致命的

■民主党を見捨てる「トロツキスト」

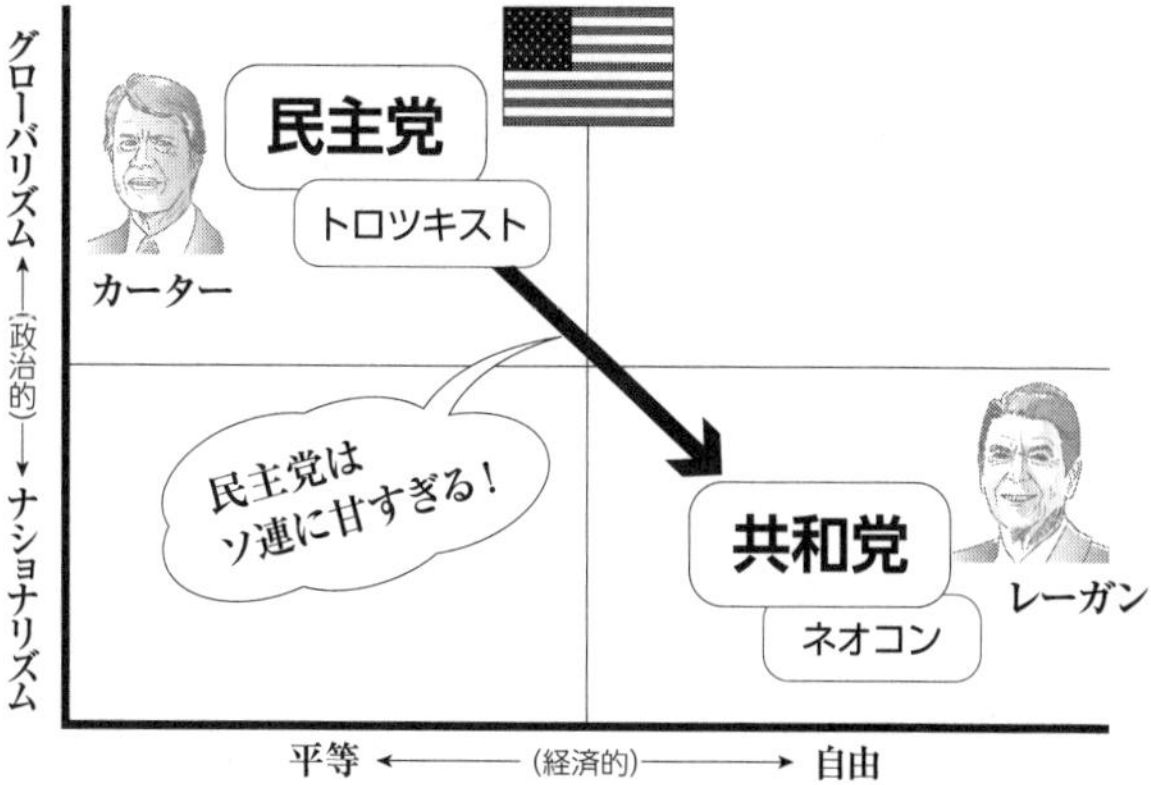

ジミー・カーター（1924～）

第39代アメリカ合衆国大統領（任1977～81）、民主党。「人権外交」を展開したが、79年のイラン革命で起こったアメリカ大使館人質事件の解決に失敗。ソ連のアフガニスタン侵攻を招き、80年の大統領選挙で、共和党のレーガンに敗れ退陣した。

ロナルド・レーガン（1911～2004）

第40代アメリカ合衆国大統領（任1981～89）共和党。巨額の財政収支と貿易収支の赤字（双子の赤字）を削減すべく、歳出削減、減税、規制緩和など新自由主義を推進する一方、対ソ強硬姿勢を取り、冷戦終結への道を開いた。

なダメージを与えることに成功したのです。

ネオコンは、ブッシュ（父）政権を動かして、イラクのサダム・フセイン政権に対する湾岸戦争を起こします。この戦争は、イラク軍のクウェート侵攻を端緒《たんしょ》とし、「対イラク武力制裁を認める」という国連安保理決議という手続きを経て、合法的に行われました。イラク軍はクウェートから撤収しましたが、サダム・フセイン政権は生き残りました。これにとどめを刺そうと、ネオコンは画策します。10年後、共和党ブッシュJr.大統領の1年目。２００１年9月11日に「同時多発テロ事件」が発生しました。

ブッシュ大統領は、ただちに「イスラム過激派組織アルカイダの犯行である」と断定し、「サダム・フセインがアルカイダを支援し、さらには核開発を進めている証拠がある」とフセイン政権打倒に前のめりになりました。

しかし、具体的な証拠は示されず、国連安保理決議がないまま、イラクに対する武力攻撃に踏み切ったのです。追随したのはイギリスだけでした。

そうして始まったのが、２００３年のイラク戦争です。

イラク戦争開戦のプランを練ったのは、ブッシュ政権の閣僚だったネオコン系の人たちです。チェイニー副大統領、ウォルフォウィッツ国防副長官、ジョン・ボルトン国務次官らが、その代表です。ボルトンはトランプ政権でも大統領補佐官（国家安全保障問題担当）を務めた人物です。彼自身は「ネオコンではない」と言っていますが、やってきたことはネオコンそのものです。

❏政権中枢で暗躍した「ネオコンの終焉」

共和党を操り、アメリカを「世界の警察」へと駆り立てたネオコンですが、その影響力は次第に陰り始めます。イラク戦争が泥沼化すると、アメリカ国民はうんざりして、疲れ果てていきました。「なぜうちの息子をイラクで死なせなきゃならないのか」と不満が高まっていったのです。さらにリーマン・ショックにより、経済的にも余力がなくなってきました。

そこに登場したのが、「イラクやアフガンからの撤退」を公約に掲げて当選した民主党のオバマ大統領です。「アメリカは、もう世界の警察官ではない」と語り、アメリカ軍をイラクから撤退させ、２０１１年にイラク戦争は終結します。

こうしてアメリカがグローバリズムからナショナリズムに向かうにつれ、ネオコンの勢いも急速に衰えていきました。

最後のネオコンといえる存在が、トランプ政権のボルトン大統領補佐官でした。しかし、アメリカ・ファーストを掲げるトランプ政権において、ネオコンは立つ瀬がありません。**ボルトンが盛んに「シリアを叩きましょう」「北朝鮮を叩きましょう」と進言した結果、トランプ大統領と対立して解任されました。**

□「金儲けファースト」の民主党か「国益ファースト」の共和党か

基本的には民主党支持だったユダヤ人が、共和党へ転向したのは、民主党自体の変質も大きな理由でした。

1970年代から改革開放路線の中国で国際金融資本はボロ儲けしていました。1990年代には、ソ連崩壊後のロシア経済のグローバル化が一気に進んだため、ロシアにも投資し、巨大な利益を得るようになります。

投資で得た余剰資金がさらに次の投資につぎ込まれ、金融工学が発達したのもその頃です。少ない元手で莫大な資金を動かすギャンブル的な「マネー経済」が一気に広がって、実際にアメリカ国内に流通するドルの何百倍というお金が、帳簿上で動いていったのです。

その結果、膨大な選挙資金が民主党に流れ込み、クリントン政権を支えました。クリントン政権時代、ゴールドマン・サックスの会長を務めたロバート・ルービンという人物が財務長官に就いたのは、すでに述べたとおりです。

金融資本は、イデオロギーには興味がありません。イスラムの独裁政権だろうと、共産党の独裁政権だろうと、投資ができて、自分たちが儲かれば、それでいいのです。

つまりユダヤ人も一枚岩ではなく、ウォール街の「金融ユダヤ人」は、イスラエルにも親米アラブ諸国にも武器を売り、アラブ諸国に対しては石油投資をすることで利益を上げたいわけです。

他方で「独裁政権は叩きつぶせ！」と世界革命を掲げる「イデオロギーユダヤ人」の一団がいて、彼らが民主党に愛想を尽かして共和党に移籍したのです。これが「ネオコン」の正体です。

しかし、伝統的に共和党を支えてきた「草の根保守」層は、「自分の身は自分で守るから、大きな政府はいらない」「アメリカは、最低限の自国の防衛だけやればいい」と考える究極の個人主義者、自由主義者です。

この結果、共和党内で「草の根保守」とネオコンとの対立が生じました。イラク戦争の泥沼化にうんざりした「草の根保守」は、ネオコンの排除を求めたのです。

大風呂敷を広げて終わった「残念なオバマ改革」

アメリカでは、政権が交代すれば高級官僚も総入れ替えとなり、国の方針も180度変わります。リベラル・民主党と保守・共和党では、志向する政府のあり方も支持基盤もまったく違うわけですから、当然と言えば当然です。

「世界の警察官を降りる」という点では、オバマとトランプとはよく似ていますが、それ以外の政策では真逆です。2017年の政権交代により、トランプ大統領は、オバマ前大統領が進めてきた政策を、すべてひっくり返しました。

オバマ政権の目玉政策の一つが、全国民を強制的に保険に入らせる公的保険制度、いわゆる「オバマケア」でした。

彼が保険制度改革にこだわったのは、民主党の支持基盤が、移民労働者と黒人だからです。彼らの多くは低所得者です。日本のような国民皆保険が存在しないアメリカでは、高額な医療費が個人の負担となり、そのために医療を受けられない人もいました。医療費を払えない弱者を救済し、誰もが適切な医療を受けられるよう国が責任を持って面倒を見る、というのがオバマケアの狙いでした。根底にあるのは民主党的「大きな政府」の考え方です。

しかし、オバマケアが実現すれば、民間の大手保険業者は損をします。保険業界からの猛烈な突き上げをくらったオバマは、結局ヘタれてこうなりました。

「国民の皆さん、民間の保険会社に入りましょう。低所得者には政府が補助金を出します」

これに猛反発したのが、共和党の支持母体である「草の根保守」の中間層です。ある程度の経済力を持ち、個人主義・自由主義を強く主張する彼らは、「自分たちのお金が吸い上げられて、貧乏人にばらまかれるのは許せない」と考えます。支持するのは「小さな政府」です。オバマケアは、トランプ政権になってから廃止法案が出されました。

オバマはネットで小口の選挙資金を集めたことを宣伝していました。最初はそうだったのでしょうが、最終的にオバマ政権を誕生させたのはウォール街からの政治献金でした。この点で、オバマはそれまでのグローバリスト政権と、本質的には何も変わらなかったのです。オバマケアの腰砕けも、これが原因でした。

オバマ政権は、国境のコントロールを緩め、移民をどんどん受け入れる立場でした。オバマの父親はケニア人でしたし、移民を受け入れることは、民主党の支持基盤を強固にすることにもつながるからです。メキシコを経由して中南米系（ヒスパニック）の大量の移民、難民が越境した結果、国境地帯にはスペイン語を話す人々があふれました。

□ネオコン路線をことごとくつぶしたトランプ

クリントン政権時代に発効した「ＮＡＦＴＡ（北米自由貿易協定）」は、アメリカ・カナダ・メキシコの国境管理を緩め、ヒト・モノ・カネの流れを自由化する協定でした。ＥＵの北米版です。

この結果、メキシコには米国産の安い穀物が大量に流入し、小規模経営のメキシコ農家は収入が激減しました。彼らは生活のために大麻の栽培を始め、麻薬の取引を取り仕切るマフィア組織が急成長して、「マフィア戦争」と呼ばれる派閥抗争を生み出します。

そして、アメリカは麻薬の大消費国。ゆるゆるのメキシコ国境を通って、麻薬とマフィアが一緒に入ってくるわけです。

「ＴＰＰ（環太平洋パートナーシップ協定）」は、東南アジア・豪州・南米諸国の自由貿易協定として始まりました。これにオバマ政権が強引に参入して日本にも加盟を求め、巨大市場を生み出す計画だったのです。

自由貿易は強い産業を伸ばし、弱小産業を衰退させます。アメリカの強い産業は、ウォール街の金融業・保険業であり、大規模化された農業・畜産業であり、IT産業です。ウォール街や農業団体はTPPへ参加するよう、オバマに圧力をかけていました。

逆にアメリカの弱い産業は、自動車・鉄鋼・機械など旧来型の製造業です。デトロイトを中心とした五大湖周辺に広がる工業地帯が衰退し、「ラストベルト」（さびついた工業地帯）と呼ばれていました。TPPへの参加は、ウォール街をさらに太らせ、ラストベルトをさらに衰退させることだったのです。

トランプは、オバマ民主党のグローバリズムにストップをかけました。

「メキシコとの国境に壁を建設する」と公約し、不法移民流入の取り締まりを強化しました。そして、TPP交渉からも離脱、NAFTAを再編して保護貿易に転じ、多国籍企業には工場を米国内に戻すよう迫りました。

さらに、CO_2削減に関するパリ協定からも離脱し、経済発展優先に舵を切りました。中国に対してはダンピング輸出で米国の産業を破壊してきたと非難し、中国製品を狙い撃ちにした高関税をかけた結果、「米中貿易戦争」が始まりました。

これらの政策を矢継ぎ早に打ち出した結果、リーマン・ショックで打撃を受けていた米国経済は完全に復活し、雇用統計も好転しました。

本来、民主党の支持基盤であった労働組合や、非白人（黒人、ヒスパニックなど有色人種）もトランプを消極的に支持するようになり、２０２０年の大統領選挙ではトランプ再選は堅いと思われました。

そこに降って湧いたのが、中国発の「新型コロナウイルス感染症（ＣＯＶＩＤ－19）」の世界流行（パンデミック）でした。トランプ政権は、航空便の停止、都市封鎖（ロックダウン）を打ち出しましたが、手遅れでした。

アメリカ経済は世界恐慌以来の大打撃を受け、「トランプ景気」に冷や水を浴びせました。有色人種を中心とする低所得者層は再び職を失い、社会的鬱憤《うっぷん》が溜まっていきました。また、パンデミックを口実に民主党知事の州では大規模な郵便投票が呼びかけられ、その際に有権者の個人認証を省略した結果、「誰でも投票できる」カオスな状態となりました。

特に、民主・共和両党の支持が拮抗するウィスコンシン、ミシガン、ペンシルベニアなどの接戦州では、開票当初のトランプリードが途中で逆転し、バイデンが次々に勝利を収めるという奇妙な現象が起こり、「バイデン・ジャンプ」と揶揄《やゆ》されました。

トランプ陣営は「大規模な不正があった」と選挙結果の無効を訴えましたが、最高裁はこれを取り上げず、各州の選挙結果をアメリカ連邦議会が認めるかどうかを決める2021年1月6日を迎えました。

ワシントンDCをトランプ支持者が取り囲む中、議事堂警察がデモ隊の議事堂内への侵入を許し、一部が暴徒化して騒乱状態になりました。騒ぎを聞いたトランプは「暴力はいけない。家に帰ろう」とツイッター（のちのX）で呼びかけましたが、ツイッター社はトランプのアカウントをバン（利用停止）し、主要メディアは「トランプが暴力を煽った張本人だ！」と一斉に報道しました。

大混乱の中で連邦議会は「バイデン勝利」という怪しげな投票結果を承認し、逆にトランプは刑事被告人として訴追対象とされてしまったのです。

□黒人解放運動は、なぜ過激化するのか？

２０２０年の大統領選挙の中で起こったのが、白人警官による黒人容疑者の殺害事件（ジョージ・フロイド事件）でした。全米規模で人種差別反対の「ＢＬＭ（Black Lives Matter／黒人の命の問題）運動」が起こり、民主党側がこれを選挙キャンペーンに利用し、トランプを「人種差別主義者」と攻撃したのです。

ＢＬＭ運動は２０１２年、フロリダ州で起こったトレイボン・マーティン射殺事件を発端としています。黒人の男子高校生トレイボン・マーティン君17歳がヒスパニック系の自警団員に呼び止められ、口論の末に、射殺された事件です。これに対する抗議運動がＳＮＳを通じて全米に拡散し、警察や自警団による過剰な治安維持活動に対する糾弾活動が起こりました。

米国憲法では市民の武装の権利が認められており、銃で武装した自警団／民兵が各地に存在しています。「自分の身は自分で守る」というのが「草の根保守」の思想です。選挙では銃規制の是非がテーマとなり、共和党の候補者は銃規制に反対、民主党の候補者は銃規制を要求します。銃器生産は巨大産業であり、「全米ライフル協会（NRA）」という圧力団体が、共和党の強力なサポーターになっています。

キング牧師の公民権運動により1964年に公民権法が成立し、制度的な人種差別は禁止されました。しかし、目に見えない社会的差別は今も厳然と存在し、進学や就職、昇給で、黒人は不利な立場に置かれています。黒人は人口比で米国民のわずか13％ですが、貧困家庭の率では白人の8％に対して黒人は20％です。シングルマザー率は黒人が50％（白人は20％）、貧困率に比例して犯罪率も上昇し、新たな社会的偏見を生むという構造なのです。

「社会的弱者の政党」を標榜《ひょうぼう》し、社会福祉の充実を掲げてきた民主党にとって、BLM運動は追い風です。そして、この種の運動では必ず、騒ぎに便乗して商店の略奪をする輩が現れ、過激派ももぐり込みます。マルクス・レーニン主義を掲げるアンティファ（反ファシスト運動）がそれであり、ワシントン州シアトルでは、過激派が街の中心部から警察を排除して、短期間でしたが「自治区」を樹立しました。

日本では、1960年代に自民党政権が「所得倍増計画」と「国民皆保険制度」を採用した結果、資本主義の枠内で低所得者層を中産階級に押し上げることに成功しました。この結果、学生運動や労働運動が沈静化し、世界で稀に見る治安のいい社会を実現できたのです。米国は、これを見習ってほしいものです。

❑ソ連崩壊後に待っていた「グローバル化の荒波」

アメリカと冷戦を戦ったソ連についても見てみましょう。

ロシア革命後に誕生したソヴィエト連邦は共産主義体制のもと、グローバル化に飲み込まれないよう、国際金融資本を一切受けつけませんでした。

しかし、共産党がすべてを決定し、全人民を監視下に置いて働かせる体制では、労働者のモチベーションは上がらず産業界にイノベーションも起こりません。生産性はゆっくりと劣化していき、国全体が貧しくなっていったのです。中国共産党の鄧小平はこれに気づいて、改革開放に切り替えたのですが、ソ連共産党では鄧小平のような人物はなかなか現れず、80年代の半ばになってゴルバチョフがようやく気づいた時には手遅れでした。

ソ連経済は疲弊し、冷戦でも白旗を揚げました。これに不満を持つ共産党内の保守派がゴルバチョフ打倒のクーデターを起こしますが、エリツィンの呼びかけに集まった数万のモスクワ市民が抵抗し、クーデターは失敗に終わりました。

「保守派」とは、それぞれの国の体制の原点を守ろうとする人々のことです。アメリカの保守派は独立自尊のフロンティア・スピリットを守ろうとする個人主義者ですし、日本の保守派は皇室を中心とする伝統文化を守ろうとする人々です。これに対して、ソ連や中国の保守派とは、共産主義の原理原則である一党独裁と統制経済を守ろうとする人々のことです。

1991年、ロシア大統領エリツィンは、ウクライナ、ベラルーシとともにソヴィエト連邦からの脱退を宣言します。ソ連の大部分がロシアでしたから、この瞬間にソ連は崩壊したのです。

エリツィンは共産主義に絶望して、徹底した自由主義の信奉者になっていました。ロシア経済を立て直すために、「国際通貨基金（ＩＭＦ）」の緊急融資を受けることにしたのです。ＩＭＦの最大の出資国はアメリカであり、ＩＭＦの仕事は、「緊急支援の見返りに外資導入と財政改革を強要すること」です。これはグローバリストそのものです。

■グローバリズムへ転換した「エリツィン」

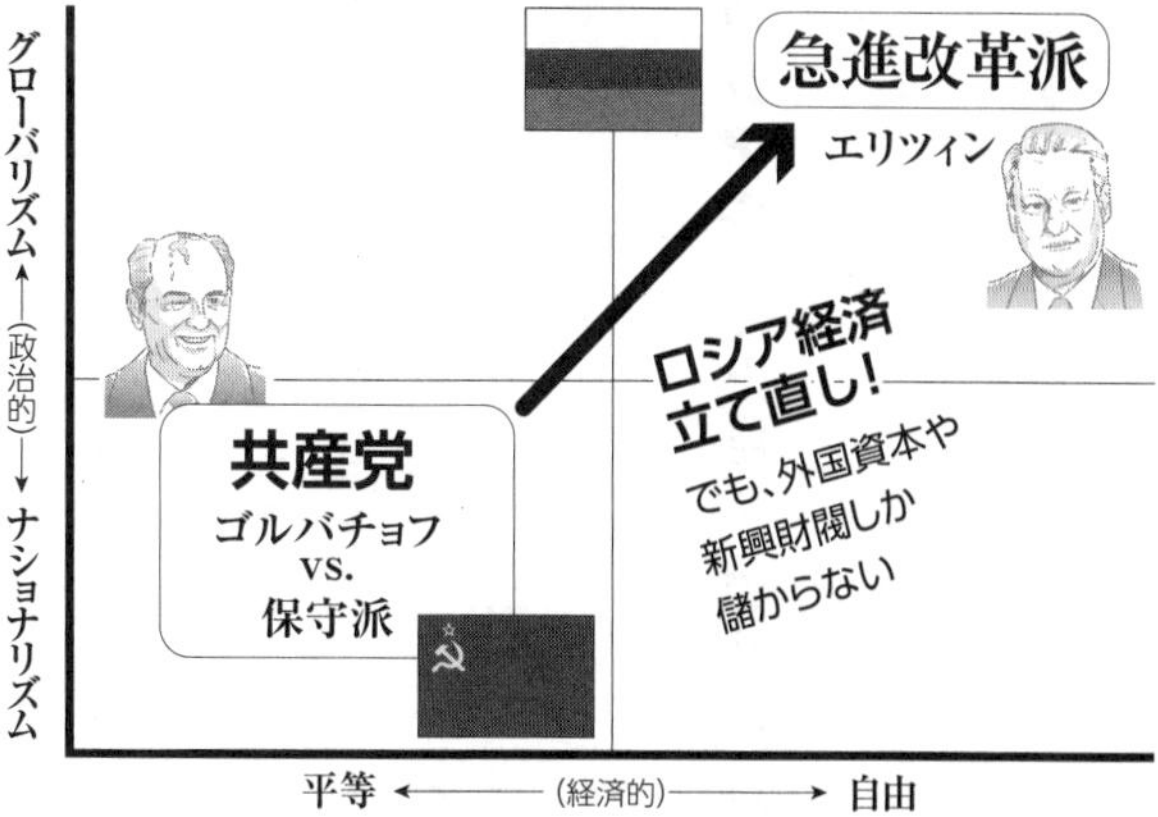

エリツィンは、IMFの要求を丸飲みし、ロシア市場を開放したのです。

たちまち石油・天然ガスなどの豊富な地下資源が、外国資本やユダヤ系の新興財閥（オリガルヒ）に買収され、民営化されていきました。自由競争が導入され、効率の悪い国営企業は廃業するか、民営化されていったのです。ロシア経済は急発展を遂げましたが、自由化の恩恵を受けたのは、資源の輸出で稼いだ外国資本や新興財閥だけでした。

自由がなかったソ連時代には、社会主義ゆえのいいこともありました。大学まで学費は無料、医療費も無料、全人民が公務員のようなものですから失業もなく、年金も十分に支給されていました。

しかしエリツィン政権は、ＩＭＦに命じられた財政再建のため、福祉予算をごっそり削減し、保険や年金の制度は事実上、崩壊しました。国営企業の解体による大規模なリストラで生活が困窮した人々は、社会福祉も受けられず、特に高齢者の生活は悲惨なものとなりました。

約70年間続いた鎖国状態の共産党政権から、アメリカ的自由主義、グローバリズムのエリツィン政権へ、ロシアは大きく方針を変えましたが、それが人々に幸せをもたらしたわけではなかったのです。

□ロシアを立て直す「希望の星プーチン」

個人主義とグローバリズムへ大きく振れた針を引き戻したのが第2代プーチン大統領です。エリツィン政権時代に、首相として汚職の摘発やイスラム過激派の掃討作戦で辣腕《らつわん》を振るったプーチンは、ソ連時代の秘密警察（ＫＧＢ）の出身でした。

彼はまず、ユダヤ系新興財閥のトップに収賄や脱税などの容疑をかけて逮捕し、

■グローバリストを敵にまわす「プーチン」

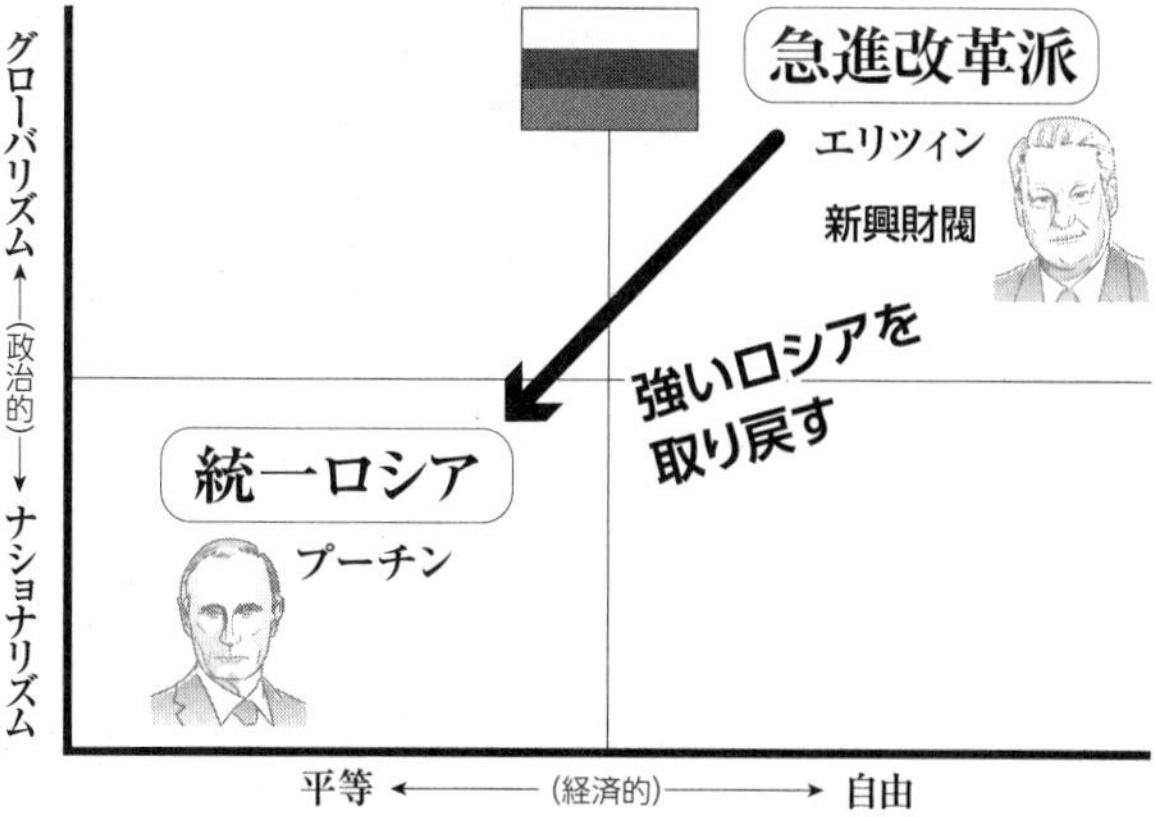

ボリス・エリツィン（1931 ～ 2007）
ロシア連邦初代大統領（任 1991～99）。ソ連解体を主導した政治家。資本主義への転換をはかった。民営化によって生まれた富裕層に支持された一方、インフレによって、国民の生活を圧迫。チェチェン紛争でプーチンを抜擢した。

ウラジーミル・プーチン（1952 ～）
ロシア連邦大統領（任2000～08、12～）。ソ連国家保安委員会（KGB）でキャリアをスタート。1999年エリツィンの後任に任命され、強権による治安回復と重要産業の再国有化を進め、長期政権を実現。2022年にウクライナへ侵攻した。

彼らの財産を没収し、外国資本に握られていた会社を次々と国有化していきました。裁判の模様はテレビで生中継され、鉄格子に入れられた財閥のオーナーを見て、国民は溜飲《りゅういん》を下げました。

こうして手に入れたエネルギー資源の輸出を財源とし、保険・年金制度を再建しました。**反対勢力に対して徹底的な弾圧を行う独裁色の強いプーチン大統領が、ロシア国民から強く支持される理由は、ロシアの地下資源を外資や新興財閥から取り戻し、国民に利益を還元してくれたからなのです。**

外資を締め出したことで、プーチンはグローバリスト、国際金融資本を敵にまわすことになりました。この点、「反グローバリズム」を掲げて当選したトランプ大統領とは、ウマがあうのです。逆に、トランプを叩く主要メディアが例外なく「反プーチン」であるのは、彼らのスポンサーがウォール街だからです。

プーチンのナショナリズムへの傾倒は、ソ連時代への逆行を連想させるかもしれません。しかし、根本的に違うことがあります。

中国共産党政権は鄧小平以来、グローバリストとズブズブの関係でした。だから中国共産党がいかに人権抑圧を続けても、民主党グローバリスト政権時代のアメリカ政府は不問に付し、マスメディアも沈黙していたのです。ところが、プーチンの人権抑圧に対しては口を極めて攻撃する。ダブル・スタンダードです。

また、中国共産党の下では一度の国政選挙も行われていませんが、プーチンのロシアには国政選挙があります。たしかに、不正選挙や野党候補に対する嫌がらせがあるとしても、選挙で大統領を選ぶ体裁をとっているロシアを、選挙すらない中国と同列に論じることはできないでしょう。

プーチンは、２０３６年までの続投を可能にする憲法改正案を提出し、国民投票の結果、賛成多数で承認されました。事実上の終身大統領です。

プーチン政権のナンバー２を長く務めたメドベージェフは、外資とのつながりが取り沙汰されています。ポスト・プーチンは誰になるのか。ロシアが再びグローバリズムへ転ずるとすれば、その鍵はメドベージェフが握っているといえそうです。

□世界を敵にまわしても、ウクライナを欲しがる理由

２０１４年にウクライナ東部紛争が発生すると、ロシアはウクライナ領クリミア半島の独立問題に介入し、クリミア半島を強引に併合してしまいました。欧米諸国は一斉にロシアを非難し、経済制裁を発動するとともに、G８（サミット）からプーチンを締め出す事態に発展しました。

ロシアがウクライナにこだわる理由は、黒海への出口に位置するからです。18世紀後半、ロシアの女帝エカテリーナ2世がオスマン帝国を破って、クリミア半島を併合します。ここにロシア人が移住して、セヴァストーポリ軍港を築いて黒海艦隊を配置しました。ロシアが地中海方面へ出て南下政策を進めるための重要拠点であり、19世紀には英仏連合軍とのクリミア戦争の戦場となりました。ソ連崩壊後、クリミア半島はウクライナ領となりました。しかし、今もロシア系住民が多く、ロシア黒海艦隊がセヴァストーポリ軍港を借りています。

独立後、ウクライナは深刻な内部対立を抱えてきました。ウクライナ東部とクリミアにはロシア系住民が多いため「親ロシア」、ウクライナ西部は「親欧米」と、国内が二分されています。大統領選があると、東側は親ロシア派候補に、西側は親欧米派候補に投票し、どちらが勝っても揉めるのです。

２０１４年、親ロシア派のヤヌコヴィッチ大統領が行ったEUとの連合協定調印凍結に対して、親欧米派が騒乱を起こしました。親欧米派政権が発足すると、NATO（北大西洋条約機構）への加盟交渉を開始。クリミアからロシア軍を撤退させ、代わりに米軍を招き入れようとしたのです。

騒乱は黒海東岸のジョージア（グルジア）でも起こっており、その背後でアメリカCIAや国際金融資本（ジョージ・ソロス）が暗躍していたことがバレています。危機感を抱いたロシアのプーチン大統領は、クリミア半島のロシア系住民を動かして、住民投票を強行し、「住民の意思」を盾にクリミア半島を併合しました。その結果、制裁を受け、G８から締め出されました。

２０２２年には、東部ウクライナに住むロシア系住民の保護を名目にウクライナへ侵攻し、欧米諸国との対立が決定的になっています。

□過去の栄光をもう一度！　「強いロシア」の復活

なぜプーチン大統領は、このような強硬手段に出たのでしょうか。

それは、プーチンがナショナリストであることで説明がつきます。彼がやろうとしていることは、「強いロシア」の復活です。

ロシア人が好む強い指導者は、3人います。帝政ロシアのピョートル大帝、ソ連のスターリン、それにプーチン大統領です。

スターリンは自国民を大量に粛清した独裁者ですが、ロシア人にとっては「ヒトラーの侵略からロシアを守った英雄」なのです。スターリン時代はソ連の領土も広く、バルト三国、ウクライナ、ジョージア、アルメニア、さらにはカザフスタンやウズベキスタンなどの国々も支配下に置いていました。

これらの領土を奪い返すことができれば、ロシアは過去の栄光を取り戻すことができる。プーチンはそのように考えて、対外的に強硬な姿勢を崩さないのだと考えられます。そしてロシア人も、プーチンの強いリーダーシップを支持しています。

アメリカが「世界の警察」を降りようとしていることも、プーチンの強硬姿勢を後押ししています。「アメリカとロシアの対立」ではなく、ナショナリスト勢力のトランプ・プーチン連合vs.グローバリスト、という図式なのです。

では、習近平とプーチンとの関係は？

習近平がぶち上げた「一帯一路」計画は、チャイナマネーでユーラシア諸国を懐柔し、中国の影響下に置こうとする新たな帝国主義です。その中には、カザフスタン、ウズベキスタンなど旧ソ連の中央アジア諸国も含まれます。

中国企業がこの地域の資源開発を進め、パイプラインを敷設すれば、もうロシアから石油やガスを買う必要はなくなります。中国は兵器の国産化も進めており、この点でもロシア離れが進むでしょう。

経済的依存関係が薄れれば、地政学的対立関係が表に出てきます。

かつて中国は、北の脅威・ソ連に対抗するためにニクソンを招きました。プーチンは、南の脅威・中国に対抗するため、東アジアではアメリカ、日本と手を組みたい。その一方で、ウクライナをＮＡＴＯに組み込もうとするグローバリストは排除したい、というジレンマの中にいるのです。

第3章

「超国家EU」崩壊の序曲

□超大国アメリカへの対抗として、新たな国家が生まれた

2020年1月31日、イギリスがEU（欧州連合）から離脱しました。このブレグジット（英国の・British＋離脱・Exit）という大事件を、政治思想マトリックスで読み解いていきましょう。

2016年の国民投票により僅差でEU離脱を決めたものの、与党保守党の内部が離脱派と残留派の真っ二つに割れたため、離脱への道は難航を極めました。その間に、EUとの関係をなるべく維持しようとしたテリーザ・メイから、EU離脱強硬派のボリス・ジョンソンへの首相交代もあり、すったもんだの末の離脱でした。

ブレグジットはEUにとっても歴史的な転換点となりました。

欧州統合の始まりは、第二次世界大戦後の1952年、独仏和解のために資源の共同利用を定めたECSC（欧州石炭鉄鋼共同体）です。その後、EC（欧州共同体）への発展を経て、1973年にイギリスが加盟し、1993年に政治統合を目指す

ＥＵへ変わりました。これまで加盟国が増えることはあっても、減ることは一度もありませんでした。今回のイギリスが最初の離脱国となったのです。

すでに市場統合を実現し、政治統合を目指してきたヨーロッパで、いったい何が起きているのでしょうか。

実は、このＥＵをめぐるヨーロッパ各国の動きも、「グローバリズム」と「ナショナリズム」、「自由」と「平等」という二つの対立軸で説明することができるのです。どういうことなのか、詳しく見ていきましょう。

第二次世界大戦でおびただしい犠牲者を出したヨーロッパの国々が目指してきたのは、戦争のないグローバルな世界をつくることでした。ヨーロッパにおける国境や関税をなくして、人の行き来を自由にすることで平和を維持し、経済を発展させる――。最初６カ国が集まって誕生した共同体は、その後、イギリスを含めて欧州のほぼ全域をカバーし、国家の枠を越えた一大経済圏をつくり上げました。

このように、ＥＵが加盟国を増やしながら自由市場を広げてきたのには、もう一つの理由がありました。**それは、超大国アメリカへ対抗するためです。**

第二次世界大戦後の西欧諸国は、軍事的にはソ連軍の脅威に対抗するためNATOに加盟して米軍の駐留を受け入れ、経済的には「米ドル」を貿易決済に使う基軸通貨として受け入れてきました。

海外からの輸入に対して、米ドルでの支払いを要求される。ドルの金利や発行量を決めるのはアメリカのFRBですから、ヨーロッパの国々は、その決定を受け入れるしかない。そのような状況を、苦々しく思っていました。いつかアメリカから世界経済の主導権を奪い返したい。そのために、彼らは統一通貨「ユーロ」をつくり、米ドルの支配体制に風穴を開けようとしたのです。

「上から目線のEU」に、キレたイギリス

ユーロの信用を高めるためには、ユーロ経済圏を広げる必要がある。しかし、ユーロ圏を拡大していった結果、経済的には決して豊かでない南欧や東欧の国々もたくさんEUに加わりました。この結果、EU内部で地域間格差が生じたのです。

最初から欧州連合に参加していたドイツやフランスのように豊かな国がある一方

で、元共産圏だった東欧の国々や、財政破綻を繰り返すギリシアのような国もある。それらの国々が、ＥＵという一つの船に乗っている状態なのです。

一般的に、貧富の差を解消するには「大きな政府」が必要です。国民に重い税負担を課し、社会保障を充実させることで富を平等に分配します。

ＥＵの場合、各国政府の上につくられた「ヨーロッパ中央政府」がその役割を果たすはずなのですが、これはまだ実現していません。旧来どおり、各国が財政政策を決定し、公務員の賃金を上げたり、公共事業をやったりしています。

ところが、通貨発行権はドイツのフランクフルトにある欧州中央銀行（ＥＣＢ）が握っていて、たとえば、ギリシア政府が勝手にユーロを印刷することはできず、ＥＣＢにカネを無心するしかない。その見返りに、ＥＵが決定した政策に従わざるを得ないのです。「移民を受け入れろ」「財政赤字を削減しろ」――。

ベルギーのブリュッセルにあるＥＵ本部で政策を決定しているのはＥＵ官僚ですが、彼らは選挙で選ばれたわけではありません。ＥＵ大統領やＥＵ議会の議員は選挙で選ばれますが、いずれも象徴的な存在であり、ＥＵ官僚に対する指導権は持っ

■EUに反発する「イギリス」

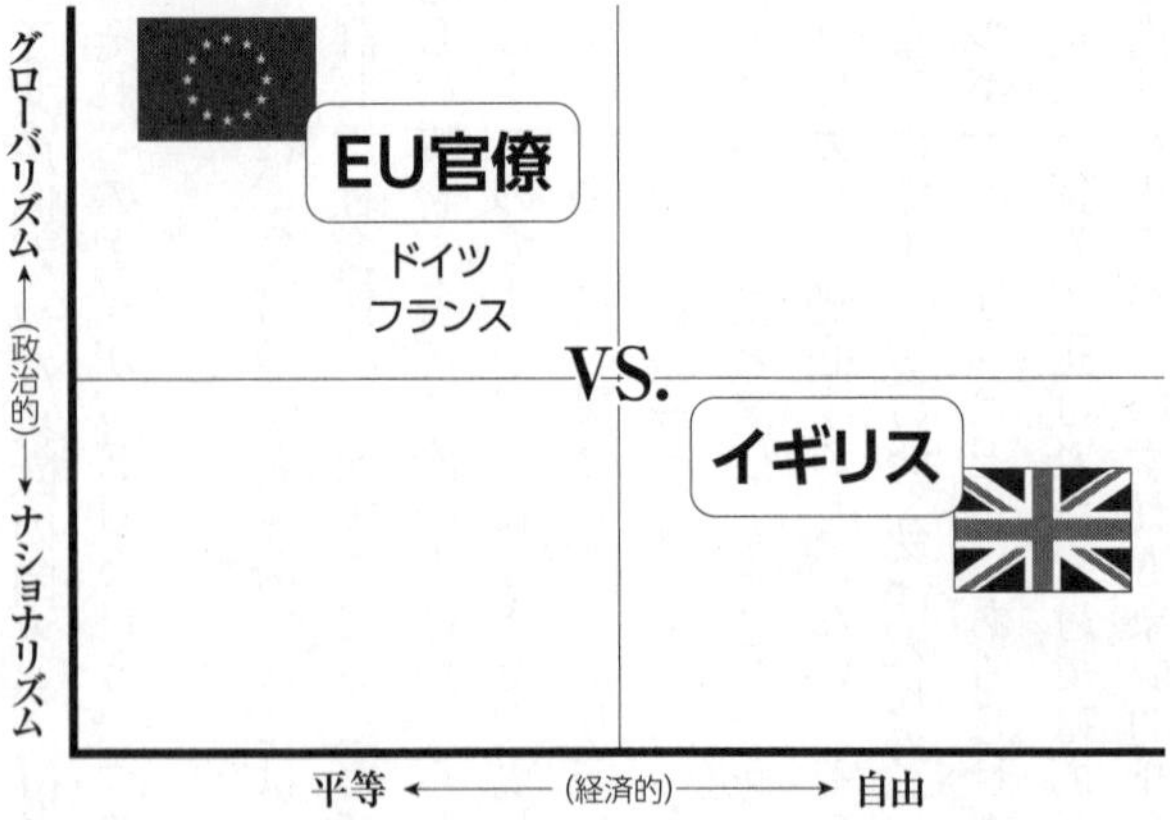

ていません。

EU加盟国は、いずれも民主主義国ですが、EU全体としては民主主義がきちんと機能していない。グローバリストのEU官僚が政策を決定し、各国に不利益を与えているのが現状なのです。

こうしたEU本部の「専制化」に対して猛烈に反発したのがイギリスでした。**「いったい何様のつもりだ？　イギリスは主権国家だ。命令されるのなら出ていく」**とイギリス国民の怒りが爆発し、EU離脱へと向かっていきました。

この動きを、「グローバリズム」と「ナショナリズム」の二つの軸で理解すると、右の図のように解釈できます。

巨大なグローバリスト政権と化したＥＵ本部に対して、主権国家の権利を要求したイギリス政府はナショナリズムに傾いていき、ブレグジットを断行した――。

グローバル化が進み、人の往来も活発になるにつれ、ＥＵはアフリカ諸国からの移民のみならず、シリア難民の受け入れも拡大してきました。これに対し、自国民の雇用を守るため移民の受け入れに反発し、「イギリス・ファースト」を掲げてナショナリズムを主張したのがイギリスでした。

このように、イギリスのＥＵ離脱の背景には、明確な反グローバリズムと、ナショナリズムの台頭を見ることができるのです。この点、アメリカで起こったトランプ現象とブレグジットとは、同じ方向を向いているのです。

❑ＥＵの原点は「ドイツの封じ込め政策」

戦後、ヨーロッパの国々は、なぜ国境をなくそうとしたのでしょうか。ヨーロッパのグローバル志向を理解するには、「そもそもＥＵとは何か」を理解する必要があります。

EU誕生の背景には、二度にわたった世界大戦を二度と起こさないため独仏が和解する、という美しいお題目の裏に、「ドイツを封じ込める」という真の狙いがありました。グローバルな世界を目指しながら、一方で「封じ込める」とは、いったいどういうことでしょうか。

ドイツは、二度の世界大戦を通じて周辺国を恐怖に陥れた、ヨーロッパの「暴れん坊」です。

ヨーロッパの国々の中でも、ドイツを最も恐れていたのは、隣国のフランスです。フランスには二度ならず、三度までもドイツから侵略された歴史があります。

一度目は、19世紀後半の普仏戦争（独仏戦争）でした。プロイセンの首相だったビスマルクは、ナポレオン3世のフランス軍を破ってパリを陥落させ、圧倒的な勝利を手にします。この結果、プロイセンはドイツ統一を成し遂げ、ドイツ帝国を成立させました。

二度目は、第一次世界大戦で、ドイツ軍はパリ攻略には失敗したものの、北フランスを占領しました。そして、三度目は、第二次世界大戦におけるヒトラーのフランス侵攻。電撃作戦により、パリは再び陥落しました。

四度目が決して起こらないように、強大なドイツの復活を、どうやって止めるのか。これがフランスをはじめ、ヨーロッパの国々にとっての最重要課題でした。

第一次世界大戦後は、ヴェルサイユ条約でドイツから多額の賠償金を絞り取り、ビスマルク時代にフランスが奪われたアルザスとロレーヌの工業地帯を奪い返し、さらにドイツに全植民地と海外の一切の権利を放棄させることで、ドイツを弱体化させました。

これだけでもドイツには大きな痛手でしたが、自由貿易体制が維持されている間は、植民地がなくてもやっていけました。今の日本と同じです。アメリカの金融資本も、ドイツの復興に投資することで、利益を得ようとしました。

しかし世界恐慌が起こると、アメリカ資本の対独投資がストップし、また主要国は「ブロック経済」政策で恐慌を乗り切ろうとします。

すでに述べたとおり、「ブロック経済」とは、国内産業を守るために、安価な外国製品が入ってこないよう、輸入品に高関税をかけ、外国との経済活動を制限することです。植民地は国内と同じ扱いになり、高関税ブロックの内側となります。こうして、世界は極端な保護貿易主義（経済ナショナリズム）へと走ったのです。

アメリカのように広大な国土と豊富な資源を持つ国や、イギリスやフランスのように世界中に植民地を持っていた国々は、国境を閉じても生き残ることができました。しかし、資源に乏しく、植民地も没収されていたドイツでは、貿易ができなくなれば、経済が立ち行かなくなります。

その結果、ドイツでは困窮した人々の不満がヒトラー率いるナチスへの支持に向かい、同時期のアジアでは日本軍が植民地を求めて満州事変を引き起こし、世界は再び世界大戦へと突入していきました。

ブロック経済という保護貿易主義が第二次世界大戦を引き起こした、という反省から生まれたのが、アメリカ主導の「ブレトン・ウッズ体制」です。「世界を自由貿易体制に戻し、投資と貿易を自由化して、植民地がなくてもやっていけるようにしよう」とアメリカは考えたのです。

まず米ドルを貿易決済に使う基軸通貨とし、米ドル・金（Gold）・各国通貨の交換レートを固定する固定相場制を採用して、通貨を安定させました。1ドル＝36

0円、というように固定したのです。これでドル高・ドル安の為替リスクを気にせず貿易ができるようになります。さらに、関税を徐々に下げて自由貿易を推進しました。世界を一つの大きな市場とみなし、貿易を振興していこうとするグローバリズムの流れに変わったのです。

ドイツの封じ込めも、この流れの延長線上にあります。

敗戦国ドイツは東西に分割占領され、東側にはソ連型共産党政権ができました。**西側はアメリカ型の自由主義経済体制とし、ヨーロッパという開かれた統一市場に西ドイツを組み込むことで、自由貿易の機会を与えてメシを食わせ、軍事的な暴走を食い止めようとしたのです。**

フランスはドイツに賠償金を求めず、フランス領になったアルザス・ロレーヌ地方の地下資源へのアクセスを開放することにしました。これがＥＣＳＣの創設（1952）につながります。フランス・西ドイツを中心とする加盟6カ国間で石炭と鉄鋼の関税が撤廃されたのです。

1967年、これが発展する形で生まれたのが、ＥＵの前身となるＥＣです。関税を撤廃し、国境線をなくし、ヒト・モノ・カネが自由に移動できる経済共同体が成立しました。

その後、冷戦終結とともに、ソ連と東ドイツが崩壊すると、西ドイツが東を吸収合併する形でドイツは統一されます。「暴れん坊のドイツ」の復活を恐れた周辺国はマーストリヒト条約を締結して、国家統合と通貨統一を目指すEUを立ち上げます（1993）。統一ドイツを丸ごとEUという枠で拘束し、ドイツの暴走を抑え込むのが狙いでした。

□統一後に発生した「東西経済格差」

東西ドイツを統一したのは、キリスト教民主同盟（CDU）のヘルムート・コール首相でした。21世紀になって長期政権を維持した女性首相アンゲラ・メルケルも、CDUに支えられていました。

ドイツの二大政党は、「右」のCDUと「左」のドイツ社会民主党（SPD）でした。自由主義を掲げるCDUは、アメリカとの同盟関係を重視し、財界を支持母体としていました。

一方、社会主義を掲げるＳＰＤは、ソヴィエト連邦との関係強化を目指す政党で、労働組合を支持母体としていました。同時期の日本で言えば、親米の自由民主党vs.親ソの日本社会党（現・社会民主党）の構図に似ていますね。冷戦終結とソ連崩壊で、この構図が崩れます。

東ドイツの社会主義体制が崩壊してベルリンの壁が取り除かれると、西ドイツでもＳＰＤは勢いを失います。反対に、親米自由主義体制を擁護してきたＣＤＵが勢力を伸ばし、コール首相のもとで１９９０年、東西ドイツ統一を成し遂げます。

ドイツ人は熱狂しました。しかし、熱狂が冷めたあとに直面した現実は、旧西ドイツと旧東ドイツとの深刻な格差問題でした。資本主義と社会主義計画経済という異なる体制を敷いてきた両国には、大きな経済格差があったのです。

旧東ドイツの人たちも、独裁政権が崩壊したことで、念願だった自由を手に入れることができました。しかし、半世紀続いた計画経済の中で、人々の勤労意欲は衰え、国営工場は老朽化していて、生産性も低い。統一ドイツは、国営企業を民営化し、コストカットした結果、大量の失業者を生み出しました。

旧東ドイツの窮状を救うために、統一ドイツは、巨額の社会保障費や治安維持費というコスト負担を強いられました。つまり、旧東ドイツという不良債権がお荷物となって、統一ドイツは、景気低迷に見舞われたのです。

また、**旧東ドイツの人たちへの差別もありました。**西側と一緒になっても、東側の人たちの生活は相変わらず貧しく、ファッションも野暮《やぼ》ったい。西側の人たちからは馬鹿にされる。そのような状態が続いていたのです。

旧東ドイツの人たちの支持を集めたのが、SPDでした。手厚い社会保障や雇用対策で格差問題解消を掲げるSPDが、一時的に政権を奪うのです。1998年から2005年までの7年間、ゲアハルト・シュレーダー首相率いるSPDが政権を握っています。この人は親ロシア派として有名で、プーチン大統領とも親しく、2017年から5年間、ロシアの国営石油企業ロスネフチの会長を務めました。

財政赤字国は、ドイツにとって最高の「かくれみの」

旧東ドイツを豊かにするには、ドイツ全体の経済の立て直しが急務でした。工業

■ドイツ「東西格差是正」を目指すSPD

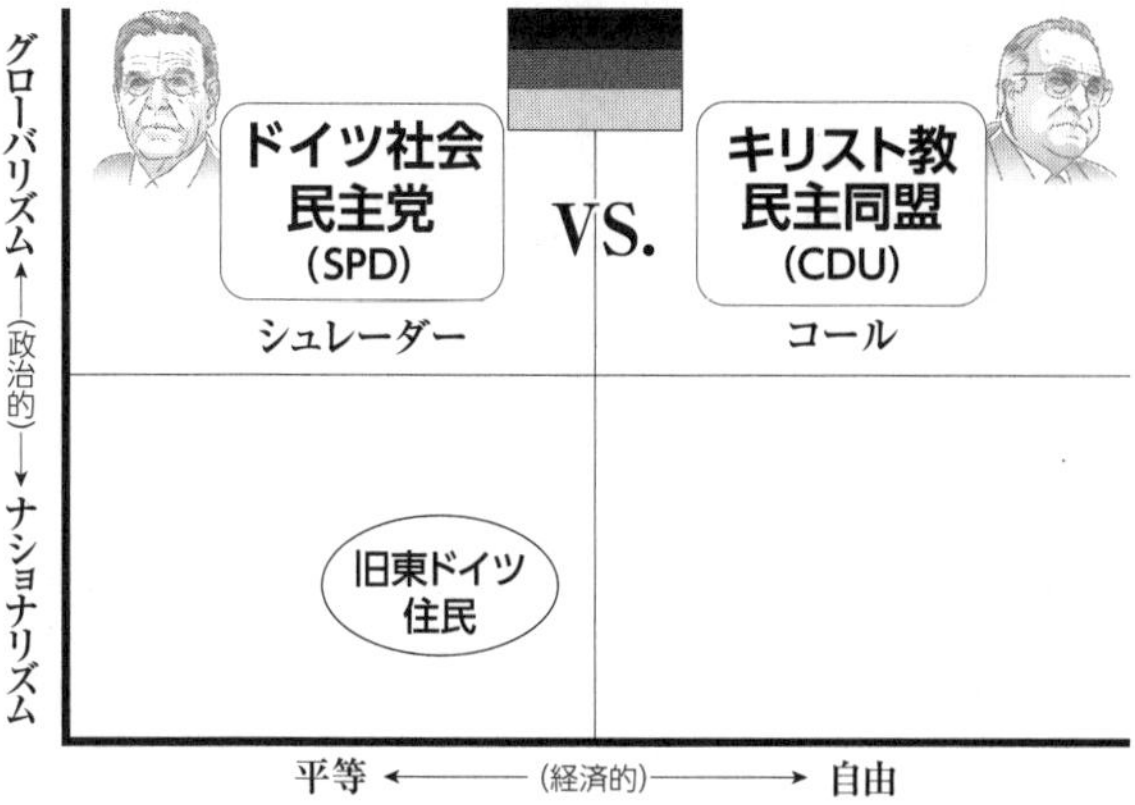

ヘルムート・コール（1930～2017）
西独→統一ドイツ首相（任1982～98）。キリスト教民主同盟（CDU）の政治家。1990年、東西ドイツ統一を実現。EU統合に積極的であり、新自由主義によって人気を博す一方で、東西ドイツの格差を拡大させた。

ゲアハルト・シュレーダー（1944～）
ドイツ首相（任1998～2005）。ドイツ社会民主党（SPD）の政治家。コール政権のあと、コール時代に起こった格差拡大、失業者の増加、社会保障の減少などを是正。税制改革、年金改革などにあたった。

国であるドイツが取るべき道は、自由貿易を推進して輸出を伸ばすことです。そこでドイツは、1993年に発足したEUを利用するのです。

輸出大国のドイツにとって、EUという関税なしの統一市場を得たことは、大きな追い風となりました。ただし、それだけなら効果は限定的だったでしょう。

ドイツが狙った本丸は、通貨統一でした。当時、政権にあったCDUのコール首相は、統一通貨ユーロの導入をリードします。ドイツ連邦銀行が最大出資者となって欧州中央銀行を設立し、ユーロの発行を始めました。

通貨を統一するメリットは、域内で両替する際の手数料や為替リスクがなくなることです。EU圏内ではヒト・モノ・カネの移動が自由でしたが、通貨がバラバラだったために、両替手数料や為替リスクがネックになっていました。

ドイツにとって、統一通貨のメリットは、それだけではありません。**ドイツが自国通貨であるマルクを手放してユーロに加わることで、自国通貨の値上がりによる不況を避けることができるだけでなく、輸出でボロ儲けできるからです。**

いったい、どういうことでしょうか。

一般的に、輸出で儲けている国の通貨（ドイツの場合はマルク）は信用が増すので通貨高（マルク高）になります。その結果、その国の製品は国際市場で割高になるため、競争力が弱まって輸出は頭打ちになってしまいます。80年代後半に日本が「円高不況」に苦しんだのは、これが理由です。

ユーロの価値は、加盟国の平均的な信用で決まります。輸出大国ドイツは「優等生」ですが、貿易赤字や財政赤字を抱えているギリシアやイタリアのような「劣等生」もいるので、クラス全体の「平均点」が下がってしまう。つまり「ユーロ安」になります。旧共産圏から東欧の貧しい国々が加わると、ユーロの価値はさらに下がります。

この状況は、輸出大国であるドイツにとって好都合です。**ドイツ製品の値段はユーロで表示されるため、ユーロ安が続けばドイツ製品は国際市場で割安となり、海外市場で売りまくることができるからです。**どれだけドイツが輸出で儲けても、統一通貨ユーロを採用している限り、通貨高による不況に悩まされる心配はありません。輸出したいだけ輸出して、儲けることができるのです。これが自動車を中心とするドイツの輸出産業に莫大な利益をもたらしました。

そのドイツ財界から政治献金を受けてきたのがCDUです。2005年にはCDUが政権を奪回します。そして、ドイツ初の女性首相となるメルケル政権が誕生するのです。

圧倒的経済力でドイツがEUを乗っ取る！

2009年、ギリシアが巨額の財政赤字を隠していたことが発覚すると、世界でユーロが売られるユーロ安を引き起こしました。これがいわゆる「ユーロ危機」です。ユーロ安に伴いEU加盟各国の経済が落ち込む中、ドイツだけはユーロ安の恩恵を受けて輸出を伸ばし、がっぽり儲けました。ドイツの独り勝ちの状態が続いたのです。

ギリシアという国は、経済面ではEUの「お荷物」的存在です。そんなギリシアをEUが見捨てず、窮地に陥るたびに融資を繰り返して救済してきた理由は、もうおわかりですね。ユーロ下落によって恩恵を受ける人たちがいるからです。そう、ドイツの輸出産業です。

■EUをかくれみのに儲けるドイツ

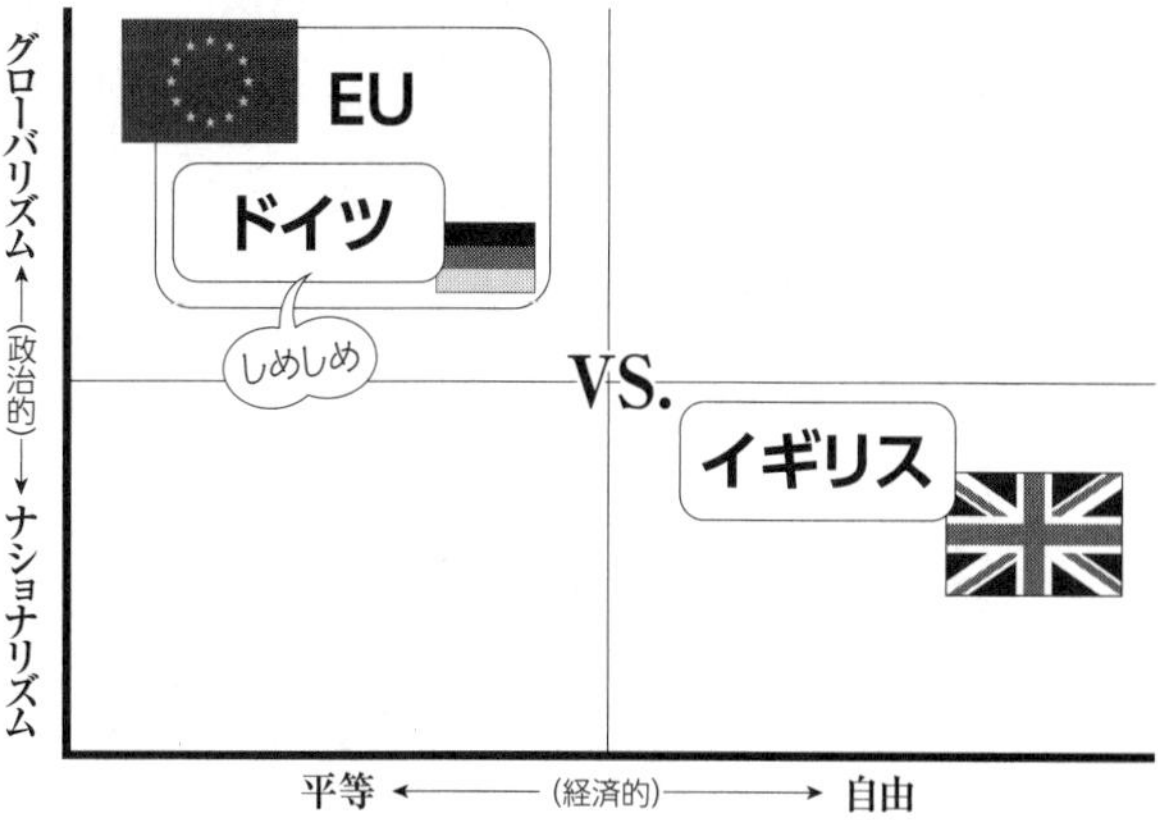

財政危機に瀕したギリシア政府がＥＵに融資を求めると、ＥＵは融資の条件として、無駄な公共事業の廃止や増税など財政再建を要求します。

ＥＵ最大の出資国であるドイツは、負担金に比例して大きな発言権を持っています。そのため、「ドイツはユーロを通じてＥＵを支配しようとしている」と皮肉られるほどです。

ここで思い出していただきたいのは、ＥＵはそもそも何のために創設されたのか、ということです。

そうです、ヨーロッパの「暴れん坊」だったドイツを封じ込めるためです。

しかし、そのＥＵは、ドイツの輸出産

業が利益を追求し、メルケル政権がヨーロッパの国々への影響力を行使するための道具に使われました。EUはドイツに乗っ取られてしまいました。

ドイツは、もはや軍事力ではなく、圧倒的な経済力で、ヨーロッパの覇者に返り咲いたのです。ヒトラーのドイツ第三帝国は、軍事力でヨーロッパを支配しました。メルケルのドイツは、輸出産業と金融の力でEUを支配しており、「ドイツ第四帝国」と皮肉られたほどです。

この状況に反発したのが、イギリスでした。イギリスはドイツの金融支配を警戒して、EUに加盟している間もユーロを採用せず、自国通貨のポンドを維持しました。そして、最終的にEU離脱の道を選んだのです。

ただし、EU全体で見れば、ドイツへの反発がある一方で、経済大国ドイツからの支援なくしては、国家の運営ができないのも事実なのです。

❏メルケルが抱える旧東ドイツのトラウマ

ところで、メルケル首相は旧東ドイツの出身です。東側の人間だった彼女が、親ソ政党のＳＰＤではなく、なぜ親米で保守派のＣＤＵに入ったのか、疑問に思うかもしれません。

メルケルは、旧東ドイツの独裁体制下で成長しました。「二度とあの時代に戻ってはいけない」という思いから、自由主義を掲げるＣＤＵに加わったのです。「輸出産業をどんどん伸ばして、旧東ドイツを含むドイツ全体の経済を底上げするために、ＥＵをフルに活用させてもらいますよ」というのがメルケル政権の方針でした。

もう一つ、メルケル政権が推進してきたことがあります。それは、移民の受け入れです。

移民問題は、近年になって、ＥＵ域内の失業問題や治安の悪化など、さまざまな問題の要因としてクローズアップされています。

しかし、移民流入は今になって始まったことではありません。ヨーロッパの国々が移民を受け入れ始めたのは、50年以上も前のことです。

第二次世界大戦後、ヨーロッパは戦後の復興需要を背景に経済を盛り返していきました。景気がよくなると、人手が不足します。人手不足を解消するため、当時のＥＣ加盟国は移民を受け入れることに決めました。

その時、移民としてやってきたのは、北アフリカやトルコ出身のイスラム教徒でした。

北アフリカのアルジェリアやチュニジア、モロッコなどのアラブ諸国は、元々フランスの植民地です。フランス語が広く使われているこれらの国々から、職を求める人たちがフランスに大勢やってきました。パリ周辺には、移民のためのニュータウンがたくさん生まれました。

一方、ドイツに出稼ぎにやってきたのは、トルコ人です。トルコはオスマン帝国の時代、第一次世界大戦の敗戦によって領土をイギリス、フランス、ロシアの3国に分割され、奪われたという過去があります。トルコ人は、イギリスやフランスを憎む一方で、その3国と戦ったドイツには親近感を抱いていました。それが、トルコからドイツに移民が押し寄せた理由の一つです。

❑なぜ、ドイツは移民受け入れに積極的なのか？

ヨーロッパが好景気にわいている間は、移民が問題視されることはありませんでした。移民問題がくすぶり始めたのは、１９７３年の第一次石油危機によって、景気が低迷してからです。

不景気で仕事がなくなっても、出稼ぎに来ていた移民たちは祖国に帰らず、豊かで暮らしやすいヨーロッパに居すわりました。かといって、彼らは移住先の国の文化に馴染むわけでもなく、イスラムの価値観や伝統に従って生活し、自分たちだけのコミュニティを形成していきました。

こうした価値観や文化の違いから、特にフランスでは、イスラム教徒の移民たちと自国民との間で軋轢《あつれき》が生まれるようになっていったのです。

ＥＵ圏外からの移民のみならず、ＥＵ圏内を移動して出稼ぎにやってくる人たちも、問題の火種となっています。

ＥＵ圏内では国境がないため、ヒトやモノの移動が自由です。国境線をフリーパスにする「シェンゲン協定」により、パスポートがなくてもＥＵ圏内を自由に移動して、仕事を求めることができるのです。そのため、元共産圏だった東欧の貧しい国々や、経済破綻の危機にあるギリシアなどから、生活水準の高い西ヨーロッパの国々に職を求めて大勢の人が押し寄せてきています。

景気のいい時ならまだしも、不景気の時は、仕事の奪い合いになります。「EU圏外はもとより、EU圏内からも移民がやってきて、自分たちの職が奪われている」とドイツやフランス、イギリスなど豊かな国々の労働者たちに不満が募っていったのです。

2015年にシリア難民が急増すると、問題はさらに深刻になっていきます。シリアでは「アラブの春」以降、内戦やイスラム過激派組織IS（イスラム国）の勢力拡大によって、500万人を超える難民が発生しました。

ヨーロッパ各国に流れ込んだ大量のシリア難民には、ISの工作員も含まれていて、仕事にあぶれて居場所のない移民の若者を勧誘し、テロリストに仕立て上げ、ヨーロッパの都市を狙った卑劣なテロを引き起こしました。

高失業率や治安悪化など社会不安が増幅したにもかかわらず、ドイツのメルケル政権は積極的な移民政策を変えませんでした。実際、シリア難民が急増した2015年には110万人もの難民を受け入れています。

なぜ、ドイツはこんなにも移民の受け入れに前向きなのでしょうか。

表向きは「人道的見地から、見過ごすことはできない」と説明しています。しかし実態は、ドイツの産業界の意向が働いています。**賃金の高いドイツでは、安価な労働力を提供してくれるのが移民なのです。**移民がドイツの輸出産業を支えていると言っても、過言ではありません。ドイツ財界の支持を受けるメルケル政権は、彼らの意向を汲み、率先して移民を受け入れたというわけです。

ＥＵで発言力の強いドイツが移民の受け入れに賛成ならば、他の加盟国も従わざるを得ません。ドイツと違って経済状況の厳しい国々では、移民の受け入れが大きな負担となっています。

❏ドイツで台頭するトランプ的ナショナリズム

シリア難民の大量受け入れは、ＣＤＵメルケル政権の支持率を下落させました。労働組合を基盤とする野党のＳＰＤも、貧しい労働者が増えれば支持者が増えると思っているので、基本的に移民受け入れに賛成です。この点では、二大政党は一致しているのです。

そこで今、二大政党がいずれも失速し、これらに代わる新たな勢力が台頭しつつあります。

「ドイツのための選択肢」（ＡｆＤ）といって、反ＥＵを掲げ、ドイツ国民の安全を最優先させるために、不法移民の受け入れ拒否を主張している政党です。

もともと豊かではない旧東ドイツの地域では、移民の流入によって人々の職が失われ、新たな貧困問題が生まれつつあります。

「移民受け入れの旗を振るメルケルじゃダメだ。かといって、昔の社会主義体制には戻りたくない――」

そうした人々の受け皿になっているのが、経済的自由を認めながら、ドイツの主権の回復（つまり、ナショナリズム）を志向するＡｆＤなのです。

ＡｆＤの台頭は、ドイツの二大政党および全マスメディアの警戒を呼び起こしています。これはアメリカのトランプ政権の立場と重なります。

ドイツには、ナチスの台頭を許した苦い経験から、ぽっと出の政党が急激に成長して政権を握られないための防波堤が存在します。選挙での得票数が全体の５％に

■「第三勢力」が台頭するドイツ

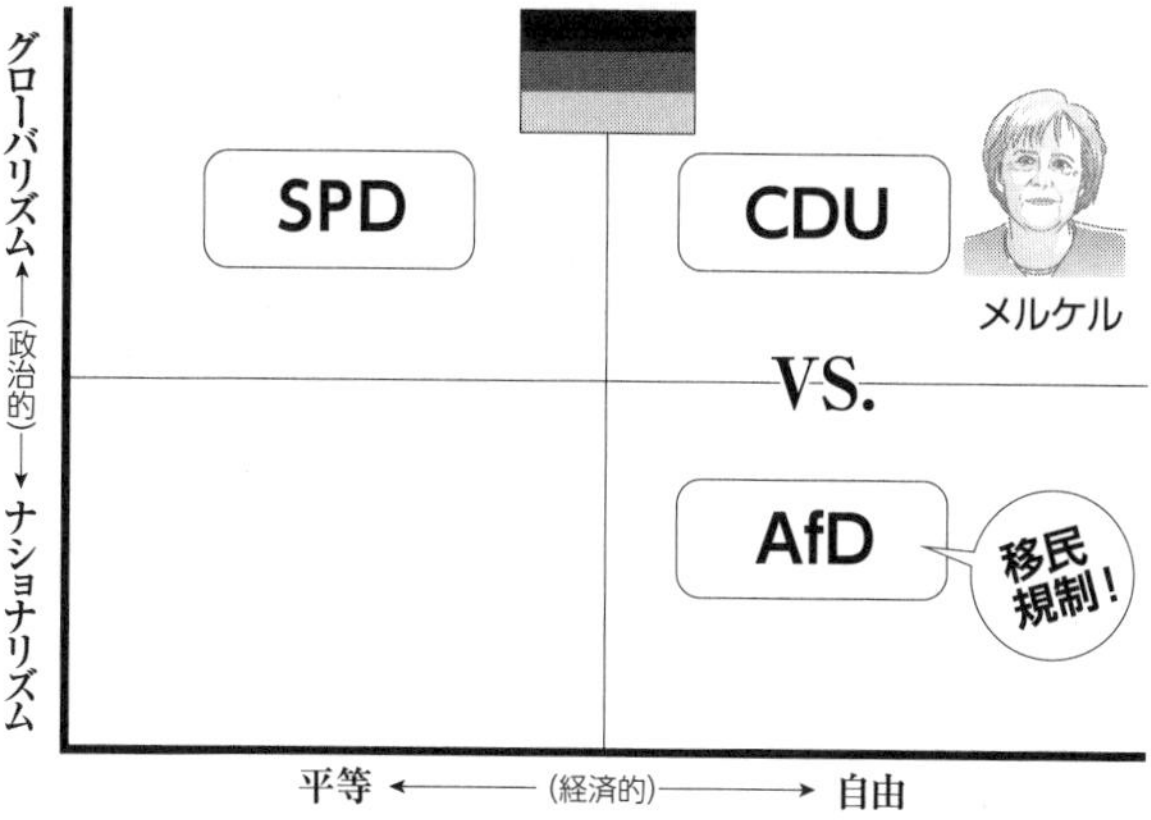

▶シリア難民の受け入れにより、支持率が下落したメルケル政権。「移民受け入れには反対！ でも昔の社会主義体制にも戻りたくない」人たちの受け皿として、「ナショナリズム×自由」を標榜する第3の政党「ドイツのための選択肢」(AfD)が台頭した。

アンゲラ・メルケル (1954～)

ドイツ首相(任2005～21)。旧東ドイツ出身。2000～18年に保守派のキリスト教民主同盟(CDU)の党首を務め、05年には初の女性首相に選ばれた。ユーロ安を活かして、輸出産業を中心にドイツ経済を復活させた。

満たない政党には議席を与えないよう、「5％条項」で縛りをかけているのです。したがって日本のように、支持率2〜3％のミニ政党が、「雨後のたけのこ」のように出てくることはありません。

AfDはこの5％条項を突破しただけでなく、全体の10％もの票を獲得して、地方の議会ではCDUに次ぐ第2党に躍り出ました。

CDUやSPDなど、AfDの大躍進を警戒する既存政党は、AfDを「ネオナチ（新ナチス）」と批判するネガティブキャンペーンを展開しています。

テレビ局は、選挙期間中に開催する討論会にAfD陣営の候補者を呼ばず、締め出しを図りました。なぜなら、マスメディアのスポンサーに、移民の受け入れに賛成する産業界がついているからです。

ドイツには、スキンヘッドに黒服で身を固め、ユダヤ人排斥、アジア人排斥を主張する正真正銘のネオナチが存在します。「ネオナチ」とレッテルを貼られたAfDは、イメージをひどく傷つけられました。

こうした印象操作が当たり前のように行われているのがドイツの現状なのです。

「右」のＣＤＵと「左」のＳＰＤが、いずれもグローバリスト政党になってしまった結果、反グローバリズム、国益重視という「右下」に登場したのがＡｆＤです。トランプが訪米したメルケルとの握手を拒否するほど毛嫌いしていたのは、トランプが闘っていた「相手側」陣営に彼女がいたからなのです。

□大陸と距離を置くイギリスの独自路線

ドイツやフランスとともにヨーロッパの主要国でありながら、大陸国家とはつかず離れずの距離を取りつつ、独自の国家戦略を貫いてきた国があります。

それが、大陸から微妙に離れた位置にある島国、イギリスです。

島国であることの利点は、国境を接する国がないため、他国から攻め込まれにくいことです。ヨーロッパ大陸で戦争が絶えなかった時代を通して、他国から攻め込まれたことがほとんどないイギリスでは、独自の民族文化が発展しました。イギリスが世界中に植民地をつくり、「世界の工場」として君臨できたのは、大陸からの脅威に晒《さら》されず、余計なことにエネルギーを使わずに済んだからです。

ヨーロッパの紛争に巻き込まれることなく、大陸国家と適度な距離を保ちながら、いかにうまくつき合っていくのか。ヨーロッパに深入りしない、介入しない、攻め込まない。これが、今も昔もイギリスの最大の関心事なのです。

そうした理由から、イギリスは1967年に発足したECの創立メンバーに加わりませんでした。19世紀のアメリカの外交姿勢は、ヨーロッパ諸国には干渉しない立場の「モンロー主義」を打ち出していましたが、モンロー主義の原型はイギリスにあったのです。

日本もイギリス同様、典型的な島国です。イギリスの大陸国家とのつき合い方から日本人が学べることは少なくありません。

島国イギリスの基本的な国家戦略は、大陸から攻め込まれないために、ヨーロッパ大陸の統一を阻止することでした。特定の国が力を持ち始めると、イギリスはその敵対勢力と手を組んで巨大帝国を叩いてきました。**常にヨーロッパの国々をいがみ合わせ、ヨーロッパの分断を図ることがイギリスの戦略だったのです。**

大航海時代の16世紀、スペインがアメリカを手に入れて世界最強国家になると、イギリスはスペインに敵対する国と手を組み、スペインの無敵艦隊を撃滅しました。17世紀に入って、フランスのブルボン王朝（ルイ14世）が勢力を強めると、周辺の国々と同盟を結びフランスと戦いました（スペイン継承戦争など）。19世紀、ナポレオン率いるフランスがヨーロッパ全土を占領すると、フランスを封じ込めるために「対フランス大同盟」を結びました。20世紀の二度の世界大戦では、今度はドイツを封じ込めるべく他の欧州諸国と手を組むのです。

これらの戦いにおいて、すべてイギリスは勝利を収めています。しかし、戦勝国になっても、大陸の領土を求めませんでした。あくまでヨーロッパ分断を狙い、出る杭を打つだけです。大陸に深入りしない姿勢は徹底しています。

そうした背景から、イギリスは欧州統合につながる動きを警戒していました。

イギリスのＥＣ加盟は〝いいとこ取り〟だ！

そのイギリスが、ＥＣに加盟したのは１９７３年のことです。ヨーロッパに深入りしない主義のイギリスが方針を転換したのは、なぜでしょうか。

背景には、相次ぐ植民地の独立がありました。

イギリスは寒冷で土地がやせているため、農業には向きません。国土も日本の約3分の2しかなく、資源にも乏しい。「関東以北しかない日本」、それがイギリスです。そのような国が、どうやって発展してきたかといえば、貿易です。世界各地に植民地をつくり、それらの地域との自由貿易によって、ヨーロッパに頼らず生きてきました。

ところが、第二次世界大戦で疲弊したイギリスは、植民地の独立運動に直面しました。オーストラリアやニュージーランドなどの旧植民地とは、イギリス連邦を形成して緩やかなつながりは保ったものの、経済的な結びつきは次第に弱まっていきます。1970年代に入ると、オーストラリアの貿易相手国として日本やアメリカが台頭し、イギリスを抜きます。**昔のような植民地貿易で稼ぐスタイルが立ち行かなくなったイギリスは、ECに新たな市場を見出すしかなかったのです。**

イギリスはEC加盟を諸手を挙げて歓迎されたわけではありません。「これまでさんざん好き勝手に振る舞ってきたのに、困ったから助けてくれとは、どういうことだ」とフランスのド・ゴール大統領が憤慨して、イギリスの加盟を阻止したのです。フランスは農業国であり、イギリス連邦諸国からの安い農産物の流入も警戒していました。

イギリスが晴れてＥＣに加盟して統一市場を手に入れたのは、ド・ゴール大統領が引退したあとの１９７３年のことです。

ＥＣ加盟後も、イギリスは独自路線を貫きました。

一つには、**自国通貨ポンドを手放しませんでした。**19世紀、まだアメリカが世界の覇権を握る前に世界の基軸通貨だったポンドを維持し、統一通貨ユーロを導入しないことを加入の条件として認めさせたのです。

イギリスがユーロ導入にメリットを感じなかったことも、ポンドを押し通した理由です。製造業で儲けたいドイツとは違い、イギリスは金融業で稼ぐ国です。つまり、海外の資源やビジネスに投資して利益を得ているのです。海外へ投資する場合、強い通貨のほうがより多くの資産に投資できるので有利です。安いユーロに参加してもメリットはなく、むしろ強いポンドを維持したほうが好都合です。

通貨だけではありません。**移民の受け入れも拒みました。**イギリスは域内の人の往来を自由にするシェンゲン協定を結んでいないため、移民は自由に国境を越えてイギリスに入ることができません。また物理的にも、ドーバー海峡を難民が渡るのは困難です。

ただし、これにはイギリス側の事情もありました。過去に旧植民地の国々から大勢の移民がやってきたため、すでに受け入れのキャパを超えていたのです。

こうしてみると、イギリスにとってEC加盟は、悪い話ではなかったことがわかります。通貨は手放しません、移民も受け入れません、市場だけ開放してください――このような〝いいとこ取り〟が認められたのは、ECにとっても加盟国が増え、市場が広がるのはウエルカムだったからです。

また、当時は移民問題もそれほど深刻ではなく、むしろ人手は不足していて、安価な労働力として移民が必要でした。

❑福祉国家を目指したイギリスの「悲惨な末路」

第二次世界大戦後のイギリスは、保守党と労働党の二大政党です。日本の政党で言えば、保守党は自民党に相当し、労働党は日本社会党（現・社会民主党）に相当する政党です。東西冷戦の時代を通して、保守党はＮＡＴＯ加盟などアメリカとの同盟関係を重視したのに対し、労働党はソヴィエト連邦との関係改善、主要産業の国有化など社会主義政策を推進してきました。

ここからは第二次世界大戦後のイギリス政治における思想の変遷を見ていきます。ソ連が東側陣営の盟主として力を持っていた時代は、イギリス労働党にも勢いがありました。１９４５年に労働党のアトリー政権が誕生すると、社会保障制度や基幹産業の国有化などの社会主義的政策を推し進めていきます。労働党が目指したのは、「大きな政府」による福祉国家の建設です。

労働党政権は、石炭、鉄鋼、電気、ガス、鉄道、運輸、自動車など主要産業を次々と国有化すると同時に、全国民が加入する国民保険を整備して、誰でも無料で

■第二次世界大戦後のイギリス「政治思想マトリックス」

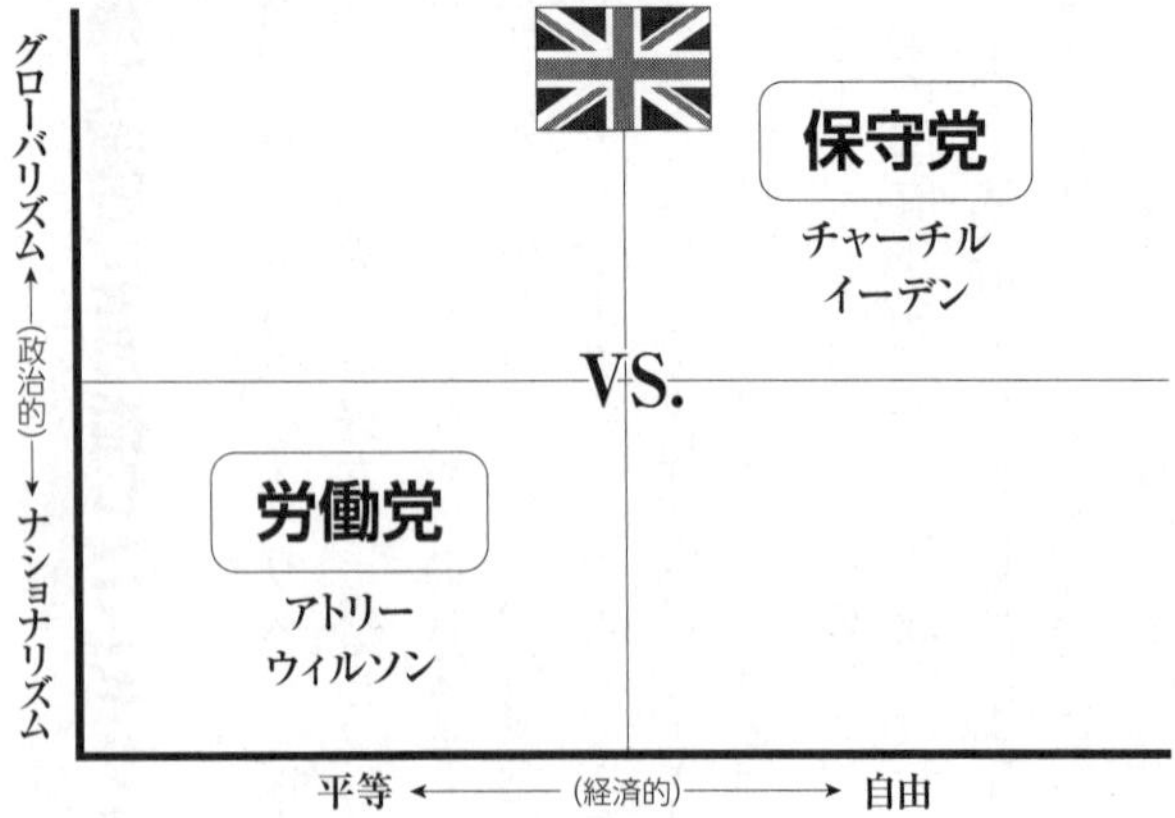

医療サービスが受けられるようにしました。「ゆりかごから墓場まで」という言葉を聞いたことがあるでしょう。これは、当時の労働党が掲げた社会福祉政策のスローガンです。「重税を課す代わりに、生まれてから死ぬまでの生活は、しっかり保障しますよ」という労働党の政策は国民に支持されました。

ところが、1960年代になると、イギリスの社会主義路線に暗雲が垂れ込めます。**膨大な社会保障費用が財政を圧迫し、かつ産業の国有化が国際競争力を低下させ、深刻な経済の停滞をもたらしたのです。**福祉に慣れた人々は勤労意欲を失い、力を持ち過ぎた労働組合が年中ストライキを起こし、ゴミの回収など生活サービスが提供されない事態が続いていました。これがいわゆる「英国病」と呼ばれるものです。

実は英国病にあえいでいたこの間も、労働党と保守党による政権交代が数年ごとに起きていて、大きな政府で平等を志向する労働党と、小さな政府で自由を求める保守党の間で政策が揺れ動き、どっちつかずの状態が続いていました。

保守党政権がＥＣ加盟に向けて動き出したのも、この頃です。一度はフランスのド・ゴール大統領に加盟を拒否されたものの、自由貿易に活路を見出したいヒース政権が再び交渉に臨み、ＥＣ加盟を果たしました。

反動としてのグローバリズムへの転換

１９７９年、ついに労働党の社会主義路線に終止符が打たれます。新自由主義経済を掲げるマーガレット・サッチャー保守党政権が誕生したのです。

「鉄の女」の異名をとるサッチャー首相は、国営事業の民営化をはじめとする数々の経済政策を断行し、イギリス経済の立て直しに乗り出します。

日本で言えば、1980年代後半、自民党の中曽根康弘《なかそねやすひろ》政権が国鉄、専売公社、電電公社を民営化したのと同じようなことをやったわけです。さらに規制緩和によって外資の参入を認め、市場原理による自由競争をイギリスに持ち込みました。これら一連の経済政策を「サッチャリズム」と呼びます。

サッチャリズムによってイギリス経済は回復したものの、経済の自由化に大きく舵を切ったことで、失業率の上昇と経済格差を招き、国民の不満は高まりました。サッチャリズムは次のメージャー政権に受け継がれましたが、格差を広げた保守党政権への国民の不満が募り、1997年、政権はブレア党首が率いる労働党に移りました。

しかし、ソ連が崩壊して冷戦が終結して以来、拠り所を失ったイギリス労働党の勢いに陰りが見え始めていました。そこで**労働党のブレア政権は、生き残りをかけた方針の大転換を図ります。アメリカ的自由主義経済やグローバリズムも認めることにしたのです。**

ブレア政権は、1997年から2007年まで10年間続きました。これはアメリカのブッシュJr.大統領の任期（2001～09年）と重なります。

■サッチャリズムでグローバル化が進んだ英国

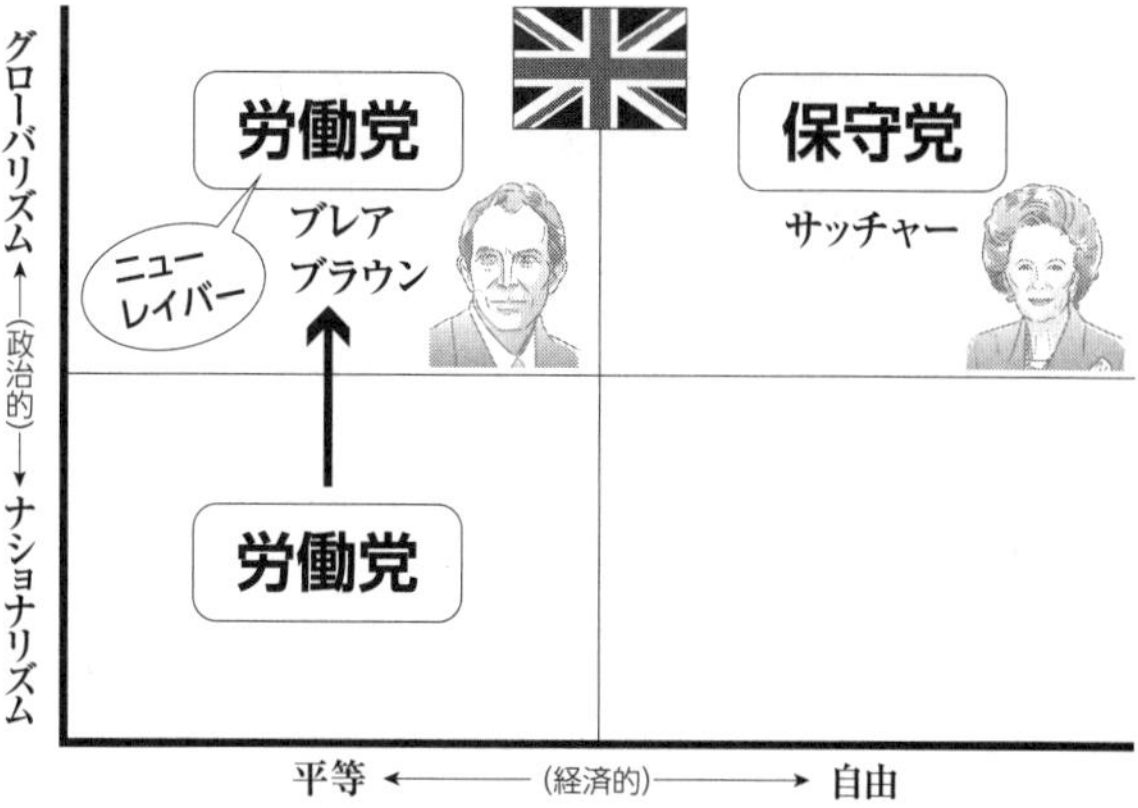

マーガレット・サッチャー（1925～2013）

イギリス首相（任1979～90）。女性の保守党政治家。戦後、労働党政権下で行われた福祉国家政策によって続いた財政難（英国病）を立て直した。社会保障費や公共事業費用の削減、規制緩和など新自由主義を採用した。

トニー・ブレア（1953～）

イギリス首相（任1997～2007）。労働党の政治家。かつての労働党の社会主義路線に、新自由主義的な保守党の市場原理主義路線を部分的に取り入れた「第３の道」を提唱。外交では、EU統合に積極的であり、ブッシュJr. 政権のイラク戦争を支持した。

ブッシュJr.大統領がネオコンにそそのかされてイラク戦争（2003）を始めた時、アメリカと一緒になってイラク攻撃に参加したのがブレア首相でした。

結局、イラク戦争開戦の前提となった大量破壊兵器は見つからず、ブッシュ大統領に追随したブレア首相は、「ブッシュJr.のプードル犬」という不名誉なあだ名で呼ばれる羽目になりました。

グローバリズム路線に転向した結果、保守党との違いを明確に打ち出せなくなった労働党は、2010年にはキャメロン率いる保守党に政権を明け渡してしまいます。その後、テリーザ・メイ首相、ボリス・ジョンソン首相が率いる保守党政権が長く続きます。

キャメロンの「火遊び」で、まさかのEU離脱

2016年6月、イギリスで国民投票が実施されると、EUからの離脱派が残留派をわずかに上まわり、EUからの離脱（ブレグジット）が決まりました。

思い出していただきたいのですが、イギリスはＥＣに加盟する際、自国通貨ポンドを手放さない、移民は受け入れない、という自国に有利な条件を引き出していました。つまり、市場拡大による経済的メリットを享受しながら、移民流入というデメリットだけを排除した「いいとこ取り」でした。そんな独自のスタンスを維持してきたイギリスが、なぜＥＵを離脱する必要があったのでしょうか。

それはキャメロン政権に対して、ドイツがＥＵへの予算増とシリア難民の受け入れを要求してきたからです。ヨーロッパで移民問題が深刻化した２０１０年以降、「欧州各国と歩調をそろえてイギリスも移民を受け入れてほしい。そうでなければ、費用を負担して」とドイツのメルケル首相が圧力をかけました。

移民流入を許せば、自国民の雇用が奪われ、高失業率や経済低迷、社会不安などの問題が生じるのは必至です。「だったらＥＵに留まるメリットは少ない。むしろデメリットのほうが大きいじゃないか」という考えから、「ＥＵから抜けよう」という気運がイギリス国内で高まっていったのです。

ＥＵ離脱の是非を問う国民投票を行ったのはキャメロン首相ですが、彼は本気でＥＵ離脱を望んでいたわけではありません。「離脱派は４割くらい」と高をくって、国民投票の結果をドイツとの交渉の道具にするつもりでした。彼が思い描いていた戦略はこうです。「国民投票の結果、EU離脱は免れたけれども、離脱派が4割もいます。イギリス国民が嫌がっているから、移民は受け入れられません」と、移民の受け入れを断る口実をつくることだったのです。

しかし、蓋を開けてみれば、離脱派が過半数に達していました。この結果は、キャメロンだけでなく、イギリス国民にも衝撃を与えました。思いがけずパンドラの箱を開けてしまったことに対して、「もっとよく考えるべきだった」と動揺したイギリス国民も多かったはずです。

ここから、EU離脱に向けたイギリスのドタバタ劇が始まります。責任者のキャメロンは辞任し、後任のメイ首相が離脱交渉を引き継ぎましたが、彼女も本音ではEUから抜けたくないので、離脱交渉は一向にまとまりませんでした。

ブレグジットが混迷した要因は、保守党内の分裂です。メイ首相が目指したのは、EUとの関係を維持しながら緩やかに離脱する「ソフトブレグジット」でした。EUとの関係を完全に切るのではなく、統一市場へのフリーアクセスは残しておきたいとする穏健派の立場です。

それに対して、ソフトブレグジットを「生ぬるい」と批判し、ＥＵからの即時完全離脱を唱えたのが、「ハードブレグジット」派です。

イギリス世論の分裂を背景に、政権与党の保守党内部で噴出した親ＥＵ派と反ＥＵ派の対立。これはつまり、グローバリズムとナショナリズムの対立です。ブレグジットがすったもんだしたのは、これが理由でした。

ボリス・ジョンソン首相の「イギリス・ファースト」

反ＥＵ派の急先鋒に立ったのが、保守強硬派のボリス・ジョンソンです。保守系メディア出身の彼は、一貫して反ＥＵの立場を取り続けてきました。ジャーナリストとして活動していた１９９０年代から、ジョンソンはＥＵ離脱を主張していましたが、当時は彼のような考え方は極めて異端でした。ちょうどユーロが世界に流通し始めた頃で、多くのイギリス国民はＥＵに対してバラ色の未来を思い描いていたからです。

その後、ジョンソンは政治家に転身し、下院議員、ロンドン市長を歴任します。

2010年代に入ってEUで移民問題が深刻になり、イギリスにも波及してくると、イギリスの世論は、ようやくジョンソン側になびいてきます。EU離脱派が勝利した2016年の国民投票では、ジョンソンは旗振り役を務めました。

離脱派の勝利を受けて、当時のキャメロン首相が辞任を発表すると、次期首相にジョンソンを推す声が高まります。ところが、国を二分した国民投票でイギリスが大混乱に陥る中、ジョンソンは保守党党首選に名乗りをあげず、逃げるのです。ジョンソン側についた離脱派の人たちを裏切る行為でした。

尻拭いをさせられる形となったテリーザ・メイが政権を引き継ぎ、ジョンソンは外務大臣に起用されます。そして2019年7月、ソフトブレグジットに行き詰まったメイ首相が辞任すると、ようやくジョンソンが後任に就いたというわけです。

ジョンソン首相は、個性的な金髪や荒っぽい口調、「自国ファースト」の主張までもトランプ米大統領にそっくりです。イギリスはイギリスの国益を追求すべきであって、国益につながらないことに、これ以上お金を費やすべきではない。これが「イギリス・ファースト」を掲げるジョンソン首相の主張です。

ハードブレグジットを主張するジョンソン首相の強硬姿勢は、保守党内で大きな

■ブレグジットで引き裂かれた「保守党」

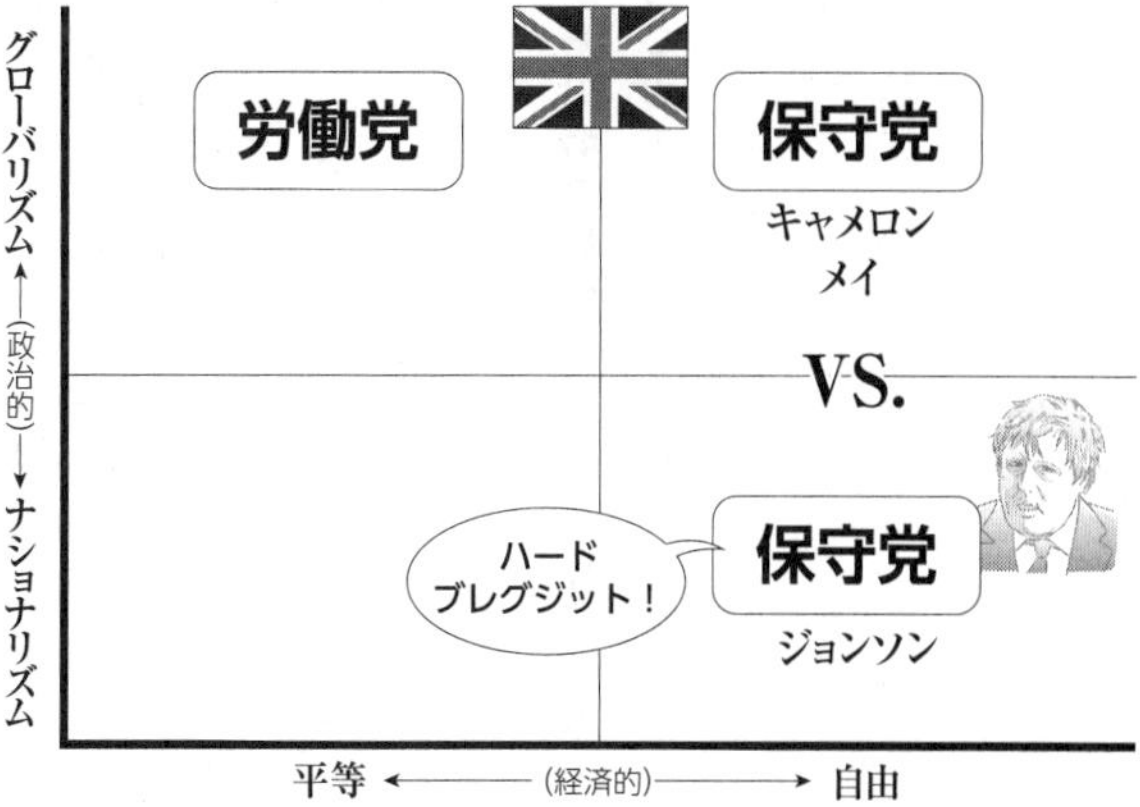

▶保守党内で、EUから緩やかに離脱する「ソフトブレグジット」派と、EUからの即時完全離脱を唱える「ハードブレグジット」派のバトルが勃発。ハードブレグジット派のジョンソン勝利の結果、保守党は「ナショナリズム×自由」に移行しつつある。

ボリス・ジョンソン（1964～）

イギリス首相（任2019～22）。ジャーナリストから保守党の政治家へ転身、ロンドン市長などを歴任。テリーザ・メイ内閣の外相を経て、保守党党首及び首相就任。EU離脱（ブレグジット）を実現した。

反発を招きました。**強硬離脱を阻止しようとする反対派との攻防の末、2020年1月31日、イギリスはついにブレグジットを果たすのです。**

移民問題に端を発したイギリス国内におけるナショナリズムとグローバリズムの対立は、ナショナリズム側に軍配があがりました。ドイツのAfDやフランスの国民連合（後述）のような第三極が生まれるのではなく、二大政党の一つがナショナリズムにぐっと傾いたのがイギリスの特徴です。

一方の労働党は、2010年にキャメロン保守党に政権を奪われて以降、原点回帰しつつあります。ブレア政権期にはアメリカにすり寄ってグローバリズムを標榜しましたが、保守党との対立軸が不明確となり、政権を失った以上、「もう一度、労働者政党という本来の姿に戻るべきだ」と、自国第一主義に傾き始めたのです。

この結果、労働組合出身の叩き上げ、最左派ジェレミー・コービンが党首に選ばれました。彼は移民受け入れが賃金を引き下げることを理解し、EUには懐疑的でした。しかし、自由貿易を盲信する党内の多数派を説得できず、ブレグジットに対してふにゃふにゃした態度を取り続けたため、国民の支持を集めることが

■本来の姿に戻る労働党

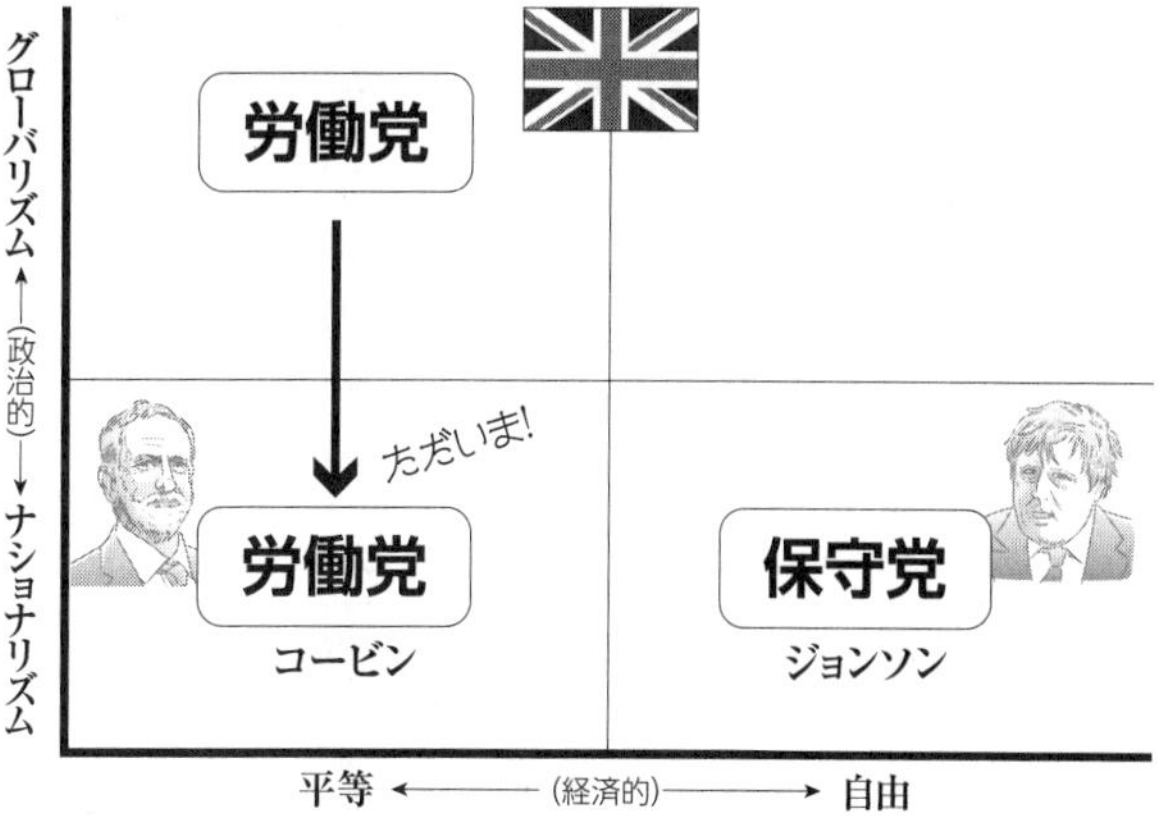

▶労働党は、ブレア政権時代に「グローバリズム×平等」に移行したが、保守党との違いを明確にできなくなり、原点回帰を選択。しかし、労働党トップのコービンは、党内のグローバル派を説得できず、国民の支持も失った。

ジェレミー・コービン (1949～)
元・労働党党首。反貧困を掲げ、反緊縮財政を訴え、雇用状況が不安定な若者から支持を集めた。しかし、2019 年のイギリス総選挙で、EU 離脱への立場を明確にできなかったことから支持を失い、20年に党首を辞任した。

できませんでした。

この点、うつろいゆく世論の機を見るに敏な保守党のジョンソン政権がハードブレグジットに完全に振り切ったのとは対照的でした。

□「フランスの小泉」を脅かす、黄色いベスト運動

ハードブレグジットが成功した今、ヨーロッパの他の国でもEU離脱の動きが起こるかもしれません。

最も可能性が高いのが、2018年の総選挙で反EU派が勝利したイタリアです。「五つ星運動」や「同盟」など反EU政党が大きく勢力を伸ばしました。

「同盟」は、かつては北部同盟と呼ばれ、北イタリアのミラノを本拠地とする地方政党です。イタリアは南北の経済格差が著しく、戦後長く続いたリベラル政権のもとで、北イタリアの工業地帯からの税収を南イタリアでの公共事業に分配する、という政策が続いてきました。そのバラマキ政策にマフィアが群がり、政界の汚職が深刻になっていたのです。

北部の主要産業はアパレルです。「メイド・イン・イタリー」のブランドを手に入れるために中国人の業者が労働者を引き連れて移住し、イタリア人の雇用が奪われるという問題も深刻です。

「同盟」のサルヴィーニ党首は、北部の税収は北部の発展のために使うこと、不法移民を取り締まること、ＥＵから距離を置くことを主張しています。

イタリアはコロナ禍《か》で大きな犠牲を出し、北アフリカからの不法移民で治安も悪化しました。ＥＵに従属する既存政党に対する国民の不満を結集したのが「イタリアの同胞」のジョルジャ・メローニで、２０２２年にイタリア初の女性首相に選ばれました。彼女は、ムッソリーニの孫娘、アレッサンドラ・ムッソリーニが所属したネオ・ファシストの「イタリア社会運動」で政治経験を積みましたが、ファシストとは一線を画して新しい政党を立ち上げ、ついに政権を握ったのです。

ドイツとともにＥＵ派の主軸を担ってきたフランスでも、反ＥＵ派の政治家が台頭しています。イギリスのボリス・ジョンソン首相と同じく、反ＥＵ、反移民を掲げる国民戦線（現・国民連合）の女性党首、マリーヌ・ルペンです。

フランスにはイスラム教徒の移民が大量に流れ込み、国内の雇用不安を煽るとともに、治安の悪化を招きました。2015年にはパリの新聞社シャルリー・エブドが北アフリカ系のイスラム過激派に襲撃され、記者ら12名が射殺されました。同社がイスラム教の預言者ムハンマドの風刺画を掲載したことが、犯行の理由でした。

このような状況に対してルペン党首は、「これ以上、不法移民の受け入れを容認できない。私たちの税金は、フランスのために使うべき」と主張し、移民規制を求める人々の支持を受けて、国民戦線が議席を伸ばしていきます。

2017年のフランス大統領選挙で、ルペン党首は決選投票にまで進みますが、既存政党が「反ルペン」で結束し、統一候補に担いだエマニュエル・マクロンに敗退しました。

大統領に選出されたマクロンは、国際金融資本側の人間です。エリート教育を受け、ロスチャイルド系の投資銀行で働いていた経歴から、彼の主張は基本的にグローバリズム志向です。経済を自由化し、国境線を取っ払い、規制緩和を進め、大企業が金儲けできるようにする。これがマクロン政権の目指すところです。

マクロン大統領を支持するのは、グローバル化による市場拡大を狙う大企業や金

■黄色いベスト運動に揺れる「マクロン政権」

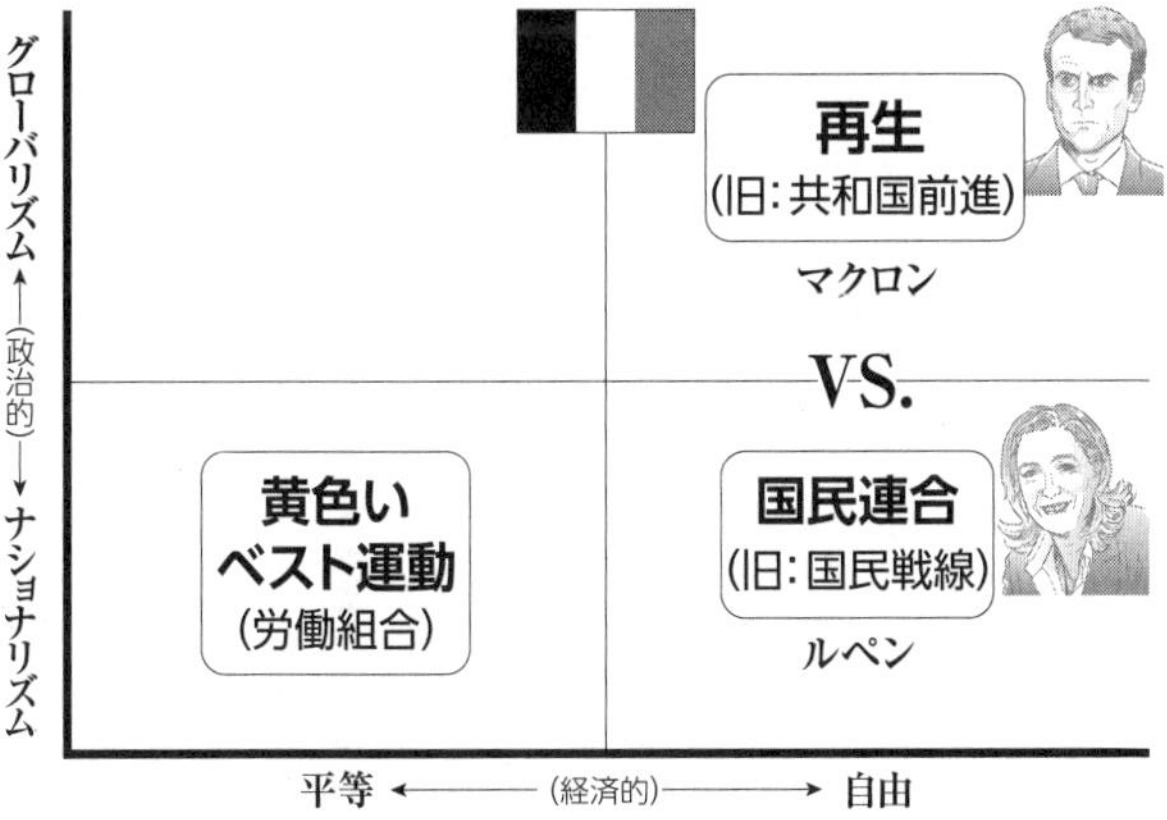

融資本、そして彼らをスポンサーに持つマスメディアです。これらの勢力は、反EU、移民反対を掲げる国民戦線のルペン党首を目の敵にしてきました。特にマスメディアはルペン党首を「差別主義者」「排他主義者」「極右」などと呼んで、痛烈に批判しています。

アメリカの四大ネットワークが、トランプ大統領を批判し叩き続けるのと同じ理由です。四大ネットワークのスポンサーである大企業にとって、反グローバリズムに突き進むトランプ大統領は目障りなのです。ですから、トランプはフランス大統領選に注目し、ツイッターでルペンにエールを送っていました。

どこの国であれ、経済の自由化、グローバル化を推進すると、富の一極集中が起きて、貧富の差が拡大していきます。日本で言えば、郵政民営化や規制緩和を進めた小《こ》泉《いずみ》純《じゅん》一郎《いちろう》政権の改革が、その典型でした。マクロンは、「フランスの小泉」だったのです。

自由競争が進むと、必ず落ちこぼれる人が出てきます。自由競争社会で弱者の立場に追いやられがちな労働者が、大資本優先のマクロン政権に対して抗議運動を展開しました。これが２０１８年の「黄色いベスト運動」です。

　きっかけは、ガソリンやディーゼル燃料にかかるエネルギー消費税の引き上げで、参加者はフランスの道路交通法で着用を義務づけられている事故防止用の黄色いベストを運動のシンボルとしました。

　この運動に乗じて支持基盤を広げようとしたのが国民戦線です。２０１８年の党大会で「国民連合」と改称し、２０２２年の大統領選挙で現職マクロン大統領の得票率58％に対し、ルペンは41％、政権に手が届くところまで肉薄しました。

ドイツ第四帝国vs.新生イギリス

ヨーロッパで今起きているのは、「ドイツが率いるＥＵグローバリズム」対「各国ナショナリズム」という図式です。

ドイツは、何がなんでもＥＵを守りたい。ドイツのような「ものづくり」大国にとって、統一通貨ユーロは工業製品を割安に輸出するためのかくれみのになっています。特に、イタリアやギリシアなど慢性的な財政赤字国を抱えているためにユーロ安が続いている状態は、ドイツには好都合なのです。

20世紀の前半は、主権国家とナショナリズムの暴力が荒れ狂った時代でした。国内では一党独裁と統制経済、外に対しては侵略戦争。二つの世界大戦で屍《しかばね》の山を築いたヨーロッパ諸国は、ようやく目覚めてグローバリズムを採用し、国境線を取り払い、各国の通貨発行権をも制限し、超国家機構としてのＥＵを実現したのです。これは壮大な実験であり、世界が称賛しました。

ところが、21世紀の今起こっていることは、ＥＵを取り仕切っているブリュッセルの官僚たちがグローバリストの金融資本や多国籍企業と結びつき、彼らの利益と結びつく政策ばかりを実行し、加盟国の一般国民の声を聞こうとしない。つまりEUという化け物のような巨大国家が出現してしまったのです。

その中核を握っているのは輸出大国のドイツであり、創立メンバーのフランスさえも、ドイツに振りまわされています。

巨大国家EUから国民の利益を守るためには、イギリスのボリス・ジョンソン政権のようにEUを離脱してしまうのが早道です。

ブレグジットが軌道に乗れば、各国の反EU派は勢いづき、近い将来、フランスで国民連合、イタリアで「同盟」が政権を握る日も近いかもしれません。

そうなれば、EUに残るのはドイツと、ドイツの援助を必要とする弱小国だけになります。名実ともに、「ドイツ第四帝国」が完成するわけです。

口ではグローバリズムを唱えつつ、やっていることは官僚統制国家。弱小国は札束で黙らせる。これって、どこかの国と似ていませんか?

そう、習近平の中国です。ドイツと中国は似たもの同士であり、また実利の面でも深く結ばれています。中国人富裕層が一番好む外国車は、ドイツ車なのです。もはやドイツの自動車産業は中国なしにはやっていけません。その意を汲んでメルケル首相は、中国が香港や少数民族に対して行っている強圧的な政策に対し、重い口を開こうとはしませんでした。

メルケル長期政権のあと、ドイツの首相になったのは社会民主党のオラフ・ショルツでした。ショルツは、ウクライナ戦争が始まると、米国の意向を受けてウクライナ支持を明確にし、戦車も提供しました。

ロシアは、バルト海海底を走るガスパイプライン「ノルドストリーム」を通じてドイツにエネルギーを供給してきました。これがあるからドイツはロシアと通じているのではないかと、アメリカは疑っていたのです。

２０２２年9月には、この海底パイプラインが何者かに爆破され、４本のうち３本が損傷しました。アメリカの希望どおり、独露のつながりが断ち切られたのです。

この大事件に対し、実害を受けているドイツのショルツ首相が不自然な沈黙を貫いていることは、さまざまな憶測を呼んでいます。

一方、ＥＵを離れたイギリスは今後、どのような道を歩むのでしょうか。

キャメロン政権は一時期、ＥＵに代わる巨大市場として中国に期待を寄せ、すり寄ろうとしました。習近平を国賓として招き、バッキンガム宮殿に泊まらせたほどです。しかし、今後ますます悪化していく米中関係を考慮すると、中国に肩入れしてアメリカに睨《にら》まれるのは得策ではありません。

イギリスが生き残る道は、アメリカとの自由貿易協定で、北米市場と結びつくことです。もう一つは、日本主導のＴＰＰへ加盟し、環太平洋地域に市場を求めることです。ただ、ヨーロッパの国であるイギリスがＴＰＰに参加できるのか？

まったく問題ありません。南太平洋にピトケアン諸島という海外領土を持つイギリスは、「太平洋沿岸国」であり、ＴＰＰ加盟が可能なのです。２０２３年7月、イギリスの加盟は正式に承認されました。

また、**中国封じ込めを目的とした日・米・豪・印の軍事協力体制にイギリスが加われば、これは21世紀の日英同盟であり、太平洋版のNATOが誕生する可能性もあります。**

すでにイギリス軍と自衛隊の共同訓練も始まっています。米・英・カナダ・豪州・ニュージーランドの英語圏５カ国が機密情報を共有する「ファイブ・アイズ」という組織がありますが、２０２０年に河野太郎《こうのたろう》防衛大臣（当時）に対し、イギリスの防衛大臣が「ファイブ・アイズへの日本の参加を歓迎する」と呼びかけています。

しかし、日本にはスパイ防止法もなく、当の河野と中国の関係も取り沙汰されるような状況で、各国が日本と機密情報を共有できるとは思えません。

日本にとっても、日米同盟に代わる多国間での安全保障パートナーシップを構築することは、一つの選択肢でしょう。ただし、ウクライナ戦争でＮＡＴＯがロシアとの対立を深める中、日本がこれに巻き込まれることは避けるべきです。

海洋国家・日本は、アメリカ、イギリスなどのシーパワー陣営に属して安全保障を保ってきました。

その米英グローバリストが、ウクライナをＮＡＴＯに加えようとしてロシアを追い詰めた結果、プーチンがウクライナ戦争を始めました。ロシアを追い詰めれば中露ランドパワーが結束し、日本の安全保障は、かえって危うくなります。「敵を分断させ、一方の敵を味方に引き入れる」ことこそ、「孫子の兵法」以来、軍事戦略の鉄則なのです。

第4章

グローバル化するイスラム革命

❑「革命の輸出」とグローバリズム

ここからは、21世紀を読み解くキーワード――「グローバリズム」を使って、中東で起こっていることを読み解いていきましょう。

グローバリズムには、「利益のグローバリズム」と「価値のグローバリズム」があります。

「利益のグローバリズム」とは、国境を越えたヒト・モノ・カネの自由な移動から利益を得ようとする人たち――国際金融資本や多国籍企業の価値観です。そこには「善悪」とか「正邪」といった価値観は存在せず、「儲かればええやん」――ただそれだけです。

これに対して**「価値のグローバリズム」とは、道徳的、あるいは宗教的な「正義」を掲げて、これを世界に広め、「悪」を滅ぼさなければならない、という使命感に基づくものです。**中世のキリスト教徒は「異教徒を滅ぼせ！」と十字軍（多国籍軍）をイスラム世界に送り込み、逆にイスラム教徒も「異教徒を滅ぼせ！」と聖戦（ジハード）を繰り返しました。

19世紀以降のアメリカは、「キリスト教（プロテスタント）文明を広めるため」に先住民やメキシコに対する征服戦争を正当化し、20世紀以降は「自由と民主主義」を広めるため、「世界の警察」を自任するようになりました。これがアメリカ民主党的、あるいはネオコン的なグローバリズムでした。

一方、ロシアでは、革命で社会主義政権を樹立した共産党が、「地主と資本家を打倒する」という「正義」を掲げて世界革命に乗り出しました。第二次世界大戦というピンチをチャンスに変えたスターリンは、東欧諸国と東ドイツ、中国と北朝鮮に共産党政権を樹立することに成功し、世界の3分の1がソ連の勢力圏となったのです。

革命には、ものすごいエネルギーが必要であり、革命が成功すると、その精神を世界に広げよう、という動きが必ず出てくる。「革命のグローバル化」が起こるわけです。

そして今、中東で起こっている混乱の多くは、「イラン革命の輸出」という視点から説明することができるのです。

□「遠隔操作」で、世界革命を推進せよ！

ロシア革命を成功させたレーニンは、次のように述べました。

「ロシアの革命は成功した。我々共産党は、貴族と地主、資本家階級を打倒し、労働者を解放した。しかし、諸君。労働者は、いまだ世界中で苦しんでいる。我々はこのロシアの革命を輸出して、フランス、ドイツ、日本、中国の労働者を解放し、フランス・ソヴィエト政権、ドイツ・ソヴィエト政権、日本ソヴィエト政権、中華ソヴィエト政権を樹立し、すべてのソヴィエト政権が『労働者の母なる祖国』、ソヴィエト連邦に合体して世界は統一される――」

「ソヴィエト」とは、ロシア語で「評議会」の意味です。農民や労働者の議会を指して、ソヴィエトと呼んだのです。

十月革命後、レーニンはボリシェヴィキを「共産党」と改称します。

そして、「労働者・農民の代表である共産党が、全人民を指導しなければならない」という立場から、選挙をやめ、「民主集中制」という名の一党支配体制を確立していきます。

「選挙をしない民主主義」とは奇怪な概念ですが、「カネで選挙民が買収される資本主義国の民主主義はまやかしだ。我々共産党は、初めから人民の利益のために結成されたので、選挙は必要ない」というのが彼らの言い分なのです。

その共産党が権力にしがみついて腐敗した場合どうするのか、という視点はまったくありません。これこそが、ソヴィエト連邦や東欧諸国が崩壊した理由であり、今、中国や北朝鮮で起こっている諸問題の本質です。

さて、レーニンが目指したのは、赤軍（共産軍）がドイツやオーストリア、さらにはフランスやイギリスに侵攻し、その支援を受けた各国の労働者が革命を起こして、共産主義政権を樹立することでした。レーニンは「世界革命」を掲げていたのです。

ところが、理想どおりにはいきませんでした。実際に共産党が勝利を収めたのは、ロシア、ウクライナ、ベラルーシ、ザカフカース（現在のアルメニア、アゼルバ

■世界革命を推進する「共産主義インターナショナル」

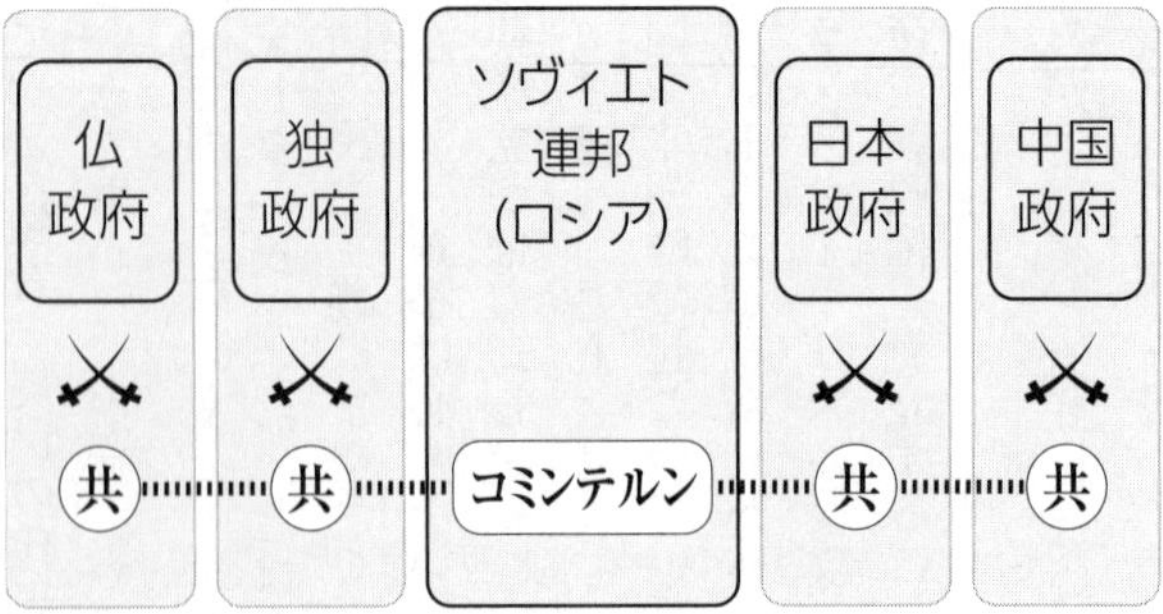

イジャン、ジョージア）のみ。これら4カ国が連合して、1922年に「ソヴィエト連邦」を組織しました。

それ以外の地域に対して、どのように世界革命を広げていくのか。ソ連共産党が採った方法は、「遠隔操作」でした。

ドイツ、オーストリア、イタリア、フランス、イギリス、アメリカ、中国、日本などに共産党をつくり、それらの司令塔として世界革命を推進する機関「共産主義インターナショナル」、略称「コミンテルン」をモスクワに創設したのです。

このソ連共産党の動きに対して、各国の反応は二つに分かれました。

欧米の資本主義国や日本は、ソ連共産党

の支部である各国共産党をテロ組織とみなし、つぶしにかかりました。日本の「治安維持法」（1925）は、このための法律です。

一方、ソ連共産党と連携しようとする国もありました。その代表が中国です。清朝を倒して中華民国を建てた孫文は、このように考えました。

「中国は欧米列強に抑圧されてきた。同じく列強の侵略を受けているソ連は、自分たちの仲間だ」――。

孫文は、国内に跋扈《ばっこ》する軍閥（清朝の残存勢力）や日本などの外圧に対抗するため、ソ連共産党に近づきます。同じ敵を持つ者同士、連携を図ろうとしたわけです。これが国共合作であり、中国共産党は国民党の保護下で成長を始めたのです。

孫文の死後、あとを継いだ蔣介石の国民党政権は、上海の財閥と手を結んで共産党弾圧に転じました（国共内戦）。しかし、日本軍が満州事変、日華事変を起こした結果、共通の敵である日本に対抗するため毛沢東の中国共産党と再び手を組む結果になり（第二次国共合作）、共産党は再び蘇ったのです。

日本軍との戦いで疲れ切った国民党政権を、共産党は背後から襲って台湾へ追い払い、毛沢東が中華人民共和国を樹立しました。

❏グローバリストのトロツキーVS.ナショナリストのスターリン

「革命の父」レーニンが脳卒中で倒れたあと、ロシア共産党内部では、二人の後継者の間で、すさまじい権力闘争が起こりました。一人は赤軍司令官のトロツキー、もう一人は共産党書記長のスターリンです。

トロツキーは、レーニンの理想である世界革命を推し進めようとしました。「ソヴィエト赤軍が今こそヨーロッパに攻め込み、ドイツやフランスの共産党を助けて、一気に世界革命を！」と叫んだのです。

一方、スターリンは「資本家どもは強大だから、世界革命は、そう簡単には成功しない」と主張し、トロツキーの「世界革命論」を批判します。

「我々は、革命が成功したロシアで、まずは足場を固めるべきだ。自分たちの力を蓄えて、将来の世界革命に備えよう」

ロシアに続く国が出てこない以上、国内の体制強化を優先しようとするスターリンの考え方は非常に現実的で、地に足のついたものと言えます。

ロシア一国の力で社会主義を実現しようとするスターリンの考え方を、「一国社会主義論」と呼びます。

あくまで世界革命にこだわる理想主義者トロツキーと、ロシア国内での社会主義実現に舵を切ろうとする現実主義者スターリン。権力闘争を制したのは、スターリンでした。

スターリンは、政敵であるトロツキー派の粛清に乗り出します。当時、赤軍の司令官クラスは皆トロツキーの息のかかった人たちでしたから、彼らはほぼ全員、反革命罪で処刑されます。これが、いわゆる「大粛清」の始まりです。

最高司令官を解任されたトロツキーは、ヨーロッパを転々として逃げまわり、ついには海を渡りメキシコに逃亡します。

それでもスターリンから逃れることはできませんでした。1940年、スターリンが送り込んだテロリストに殺害されてしまいます。

□スターリンがコミンテルンを見捨てた「やむを得ないワケ」

ソヴィエト連邦という国家が存続できたのは、スターリンがトロツキーとの権力闘争に勝ったから、といえるかもしれません。スターリンがソ連を救ったのです。

いったい、どういうことでしょうか。

レーニンの指導の下、世界革命の理想に燃えていたソ連は、各国の共産党に武器を援助して、彼らを革命・暴動・暗殺・テロへと駆り立てていました。そんな〝テロ支援国家〟を資本主義国が許すはずもなく、共同でつぶそうとしてきました。

1918年には、共産党政権打倒を掲げて、第一次世界大戦の連合国がロシアへ攻め込みました。対ソ干渉戦争です。ヨーロッパの黒海・バルト海からはイギリス軍やフランス軍が、日本海からは日本軍とアメリカ軍がロシアへ進軍していきました（シベリア出兵）。

ところが、トロツキーが失脚し、権力を握ったスターリンが一国社会主義路線を打ち出すと、風向きが変わります。世界革命を放棄するということは、すなわち

「テロ支援国家をやめます」というメッセージです。「それならソヴィエトという社会主義政権を国家として認めてもいいだろう」という動きが西側各国の間に広がっていきました。

日本がシベリアからの撤兵を決めたのも、その流れの延長です。

１９２５年、日ソ基本条約を結んで国交を開き、日本はスターリンのソ連を国家として認めました。

一方、日本国内では共産党への締めつけを強化していきました。１９２５年、日本国政府は共産主義活動を取り締まるため、治安維持法を制定しました。

当時の日本共産党は、「暴力革命によって大日本帝国を破壊する」「天皇を処刑する」などと公然と言い放っていました。そんなテロ集団が認められるはずはありません。過激な暴力革命を煽る政党を禁止する法律は各国で制定されており、日本の治安維持法だけが、極端な思想弾圧法だったわけではありません。戦時中に、これが濫用されたのは事実としても。

ソ連に話を戻すと、世界革命を放棄したスターリンは、あるジレンマを抱えることになります。**世界各国につくられた共産党が、本国であるソ連の足を引っ張る存在になりかねない状態だったのです。**

日本共産党の活動が過激化していったように、世界各国の共産党が革命を掲げて暴れ始めたら、どうなるでしょうか。ソ連が社会主義国家として各国に認められつつあるのに、各国との関係性が悪くなってしまいます。

この頃から、スターリンは世界各国の共産党を見放すようになります。

たとえば、日本では、政府が治安維持法を制定して日本共産党をつぶそうとしても、ソ連は「ああ、どうぞ」という感じで大日本帝国との国交を樹立し、何の反撃にも出ないのです。毛沢東の中国共産党に対しても、ほとんど支援を行わず、むしろ蔣介石政権との関係を維持しようとしました。毛沢東はスターリンに対して憤り、戦後の「中ソ対立」の種がまかれました。

各国の共産党を取りまとめるはずのコミンテルンは、次第にその役割を果たさなくなり、第二次世界大戦中の1943年、スターリンはコミンテルンの解散を命じました。これにより、独ソ戦で苦しむスターリンは、米英からの軍事援助を受けることができたのです。

仲間であるはずの各国共産党を、都合が悪くなると、あっさりと切り捨てる。スターリンは、非情かつ見事な処世術を発揮しました。これが、「偉大な指導者」と称《たた》えられたスターリンの実像です。

❏あらゆる革命軍は「暴走する宿命」にある

そもそも、スターリンは、なぜ政敵だったトロツキー派を粛清したのでしょうか。彼は、ロシア革命を成功させた赤軍の司令官クラスをほぼ全員殺害するのですが、そこまで手荒なことをする必要があったのでしょうか。

革命というものの性質を考えてみると、その理由が見えてきます。一つの国の体制を転覆させてしまうのが革命です。そのため、革命には膨大なエネルギーが宿ります。

そのエネルギーは何かと言えば、「労働者階級を資本家の搾取から解放する」というような理想です。そして、理想を現実のものにするだけのパワー、すなわち軍事力です。この二つがなければ、革命は成功しません。ソ連共産党には、この二つがありました。

ところが、あまりにも理想が高すぎると、自国内での革命に留まらず、世界にも革命を広げようという人たちが現れます。革命を成功させたエネルギーが暴走し始めるのです。

そうなれば、警戒を強める世界中の国々を敵にまわすだけでなく、世界を変えるまで革命が終わりません。いつまでたっても国家建設に本腰を入れられない、という矛盾が生じるのです。

ですから、革命政権が成立したあとは、革命軍をいかにコントロールするかが重要です。そうでなければ、政権を維持することは難しくなります。**スターリンが軍幹部を粛清したのは、軍の暴走を抑え込むためだったのです。**

あらゆる革命軍は暴走します。これは革命の宿命、と言えるかもしれません。

たとえば、絶対王政を倒し、資本主義社会の幕開けとなったフランス革命。その後、フランスは革命の広がりを警戒する周辺国からの軍事的介入だけでなく、国内でも貴族を中心とする反革命の暴動が起きるなど混乱が続いていました。

そこに現れたのが、ナポレオンです。

フランス革命軍の将校ナポレオンは、周辺国からの軍事干渉を食い止めて国民の支持を得ると、その勢いで革命後に樹立された総裁政府を倒し（ブリュメール18日のクーデター）、自ら皇帝となり独裁を始めます。さらに、周辺国へ攻め入り、ヨーロッパの大半を支配してしまうのです。

革命政府の防衛隊として動くべき軍が、フランスばかりか、全ヨーロッパを占領してしまいました。国民のために使われるべき税金は、際限のない侵略戦争につぎ込まれ、フランスは財政破綻し、ついにはヨーロッパ連合軍に敗北したのです。

□理想を抱いた革命軍の「悲しい結末」

スターリン同様、革命後の軍の暴走を警戒し、粛清に動いたのが毛沢東です。

中国革命の立役者として、紅軍（今の人民解放軍）の存在がありました。しかし、毛沢東が政権を取ると、その存在を邪魔だと思うようになります。側近として活躍した軍人の彭徳懐《ほうとくかい》や林彪《りんぴょう》を、反革命罪などの汚名を着せて粛清していきます。

この結果、人民解放軍は完全に中国共産党のコントロール下に置かれました。これはスターリン型と言えます。

ドイツでも同じようなことがありました。

第一次世界大戦で敗北したドイツには、莫大な賠償金が課せられました。経済的に追いつめられたドイツで、ナチスの台頭を許したことは、すでに述べました。ヒトラーの国民社会主義ドイツ労働者党（ナチス）が民衆の支持を得て、独裁体制を敷きました。彼らは、この運動を「国民社会主義革命」と称し、「ユダヤ人の金融資本を打倒せよ」と宣伝していました。

独裁政党が国家の上に君臨し、選挙を行わない体制を全体主義といいます。極左の共産党と極右のナチスとは宿敵同士でしたが、全体主義体制という点では、一卵性双生児のようなものです。

革命の原動力となったのが、突撃隊と呼ばれる武装集団です。彼らは街頭で活動するナチ党員の防御や、共産党への襲撃などを担っていました。

ところが、ヒトラーが実権を握ると、突撃隊の存在が邪魔になっていきます。突撃隊は、世界恐慌で仕事にあぶれた失業者も次々と受け入れたために、勢力が大きくなりすぎ、ヒトラーの統制が効かなくなっていました。彼らは反資本主義色が強く、「財閥を解体して、真の国民社会主義を目指せ」と主張し始めます。**ドイツの保守的な旧勢力や財界との関係を悪化させたくなかったヒトラーは、突撃隊の幹部を逮捕し、容赦なく処刑しました。**これが「長いナイフの夜」と呼ばれる粛清です。

この粛清を実行したのが、ヒトラーに忠誠を誓う別組織の「親衛隊」でした。粛清後は、この親衛隊がナチスの軍事部門と国防軍に匹敵する巨大組織に成長し、存在感を強めていくのです。

最後に、日本についても見てみましょう。

日本で革命といえば、明治維新が挙げられます。薩摩長州軍が革命軍で、これがやはり暴走しました。政府の言うことを聞かなくなったのです。１８７７年、現在の鹿児島県の士族が西郷隆盛《さいごうたかもり》を担いで大規模な反乱を起こすと（西南戦争）、新政府軍によってつぶされました。

昭和恐慌期に入ると、再び陸軍が暴走を始めました。1936年2月26日、青年将校が都心でクーデターを起こし、首相官邸を襲撃します。いわゆる二・二六事件です。

これは、軍の中でも統制派と呼ばれる人たちによって食い止められました。**日本国内の旧勢力、財界や官僚たちと協力していこうとする立場の統制派が、突っ走る皇道派をつぶしたのが二・二六事件なのです。**日本版「長いナイフの夜」といえるでしょう。

このように、いつの時代でも、どの国でも、革命軍は暴走します。

そして今、革命軍の暴走がイランで起きています。中東では民族間・宗教間の紛争がいまだに続き、不安定な情勢ですが、そのほとんどにはイランの革命軍の暴走が絡んでいるのです。

次からは、イラン革命が周辺国に与えている影響について見ていきましょう。

□イラン人とは、どのような民族なのか

イラン革命とは何かを説明する前に、イラン人とは、どのような人たちか、というところから見ていきましょう。

イラン人とは何者なのか。この質問に答える二つのキーワードがあります。**「ペルシア人」であり、「イスラム教シーア派の信徒」であるということです。**

中東には、いろいろな民族がいますが、その中でも大きな民族が三つあります。イラン人とアラブ人、そして、あとから入ってきたトルコ人です。歴史が最も古いのがイラン人で、３世紀にササン朝ペルシアを興して、ローマ帝国軍の侵略を撃退しました。このことを、今でもイラン人は誇りに思っています。

歴史の古い民族だけあって、プライドが高い。人種としてはコーカソイド（白人）ですから、ヨーロッパ人と同根です。彼らは、「自分たちは北からやってきた白人で、アラブ人とは違う」と主張します。

アラブ人が長くオスマン帝国（トルコ人）の支配を受け、英仏の策略によりシリア、イラク、クウェート……と多くの国々に分割されてしまったのに対し、イラン人は独立国家を維持し、そのほとんどがイランに住んでいます。

□「経典重視」のスンナ派、「血統重視」のシーア派

次に、イラン人の宗教について見ていきましょう。

古代イラン人が信仰していたのは、ゾロアスター教という多神教です。これは火の神を祭る宗教で、善の神と悪の神がいます。善の神である火の神が、悪の神と戦う。二元論的な世界観がゾロアスター教の特徴です。

古代のササン朝ペルシア帝国は、イラクやシリアのアラブ人をも支配していました。アラブ人の歴史は、ペルシア帝国による支配への抵抗から始まります。そのため、アラブ人は基本的に「反イラン」の立場です。

7世紀に入ると、古代ペルシア帝国に虐げられてきたアラブ人の中から、預言者ムハンマドが現れます。彼が唯一神アッラーのお告げを受けて始めたのがイスラム教です。

イスラム教徒として団結したアラブ人の勢力が拡大すると、ついにササン朝ペルシアは滅亡に追い込まれます。同時に、ゾロアスター教の伝統も、ほとんど途絶え

てしまいました。

イスラム教への改宗を迫られたイラン人が受け入れたのが、イスラム教の少数派であるシーア派だったのです。

シーア派は、イスラム教を始めた預言者・ムハンマドの血統を重視し、彼の後継者であるアリーを初代として、直系子孫の12代を指導者とする立場を取ります。ムハンマドには「預言者」として神の言葉を伝える特殊能力が備わっていて、その能力はアリーやその子孫に受け継がれていると考えられていたのです。アリーを筆頭に12人の指導者のことを「イマーム」と呼びます。

シーア派が、なぜイランに広まっていったのか。それは、ムハンマドの孫がササン朝ペルシアの王女を娶《めと》っていたからです。つまり、ムハンマドの一族にササン朝ペルシアの王族の血が混じっている。**ペルシア滅亡後のイラン人にとって、シーア派こそが心の拠り所だったというわけです。**そのようなわけで、イランはシーア派を代表する国となったのです。

一方のスンナ派は、シーア派とは別の立場を取ります。「ムハンマドは単なるスピーカーであって、言葉の主は神であるアッラーである。ムハンマドの口を通して

■「イランvs.アラブ」対立の歴史

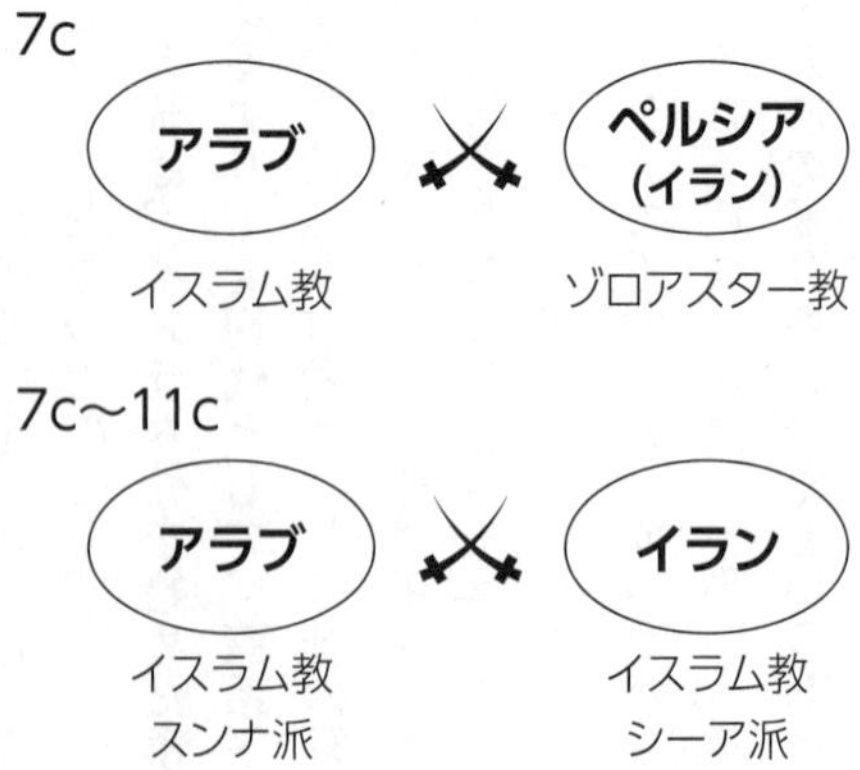

語られた言葉のほうが大事で、預言のすべてはコーランに書かれている」と考えます。**ムハンマド一族の血統より経典を重視し、コーランを理解すれば誰でも指導者になれると主張します。**

ぶっちゃけて言えば、アラブ人はササン朝ペルシアの血の入ったシーア派が気に入らない。アラブ諸国において多数派を占めるのはスンナ派であり、その代表格がサウジアラビアです。ちなみにトルコ人も、このスンナ派です。

シーア派は、イスラム教全体でみれば約1割の少数派ですが、イランを中心に中東全域に広がっています。サウジアラビア東部やイラク東部にもシーア派はたくさんいます。宗教に国境は関係ありません。その意味で、イスラム教シーア派であるということは、「グローバリスト」としての顔を持っていることになります。

このイランで、1979年に革命が起こりました。中東世界を一変させたイラン革命の衝撃は、40年以上経った今日もまだ続いています。

イラン革命は、なぜ起きたのかを、次に見ていきましょう。

❑イスラム世界に押し寄せたグローバリズムの波

第二次世界大戦後、イランではイギリス寄りの王政が続き、イギリス資本のアングロ・イラニアン石油（現在のBP）がイラン国内の石油産業を独占して、莫大な利益を上げていました。

そのような中、「イランの石油をイラン国民に取り戻せ」と資源ナショナリズムを掲げて国民の支持を広げたのが、モサデグ首相です。彼は国内の民族主義の高まりに後押しされ、イギリスの石油資本を敵にまわして、1951年に石油国有化を断行します。

しかし、外国の石油資本が、これに黙っているはずもありません。イギリスとアメリカの石油資本はイラン原油を市場から締め出し、モサデグ政権を財政的に苦しめます。さらに、ＣＩＡが資金提供して軍事クーデターを画策し、モサデグを失脚させるのです。これによって、**パフレヴィー2世の独裁王政が確立し、イラン国内におけるナショナリストグループは沈黙させられてしまいました。**石油利権も米英の資本の手に戻ってしまうのです。

❏近代化への反発から起きたイラン革命

欧米の石油資本と利権を山分けして、富を独占するパフレヴィー王朝。これに対抗する勢力として登場したのが、イスラム法学者であり、シーア派の指導者であるホメイニ師です。１９７９年、ホメイニ師が指導するイラン革命が勃発し、親米のパフレヴィー王朝を倒しました。

イラン革命の引き金になったのは、西洋的な近代化に対する反発でした。

■グローバルの力で「民族主義を抑え込む」

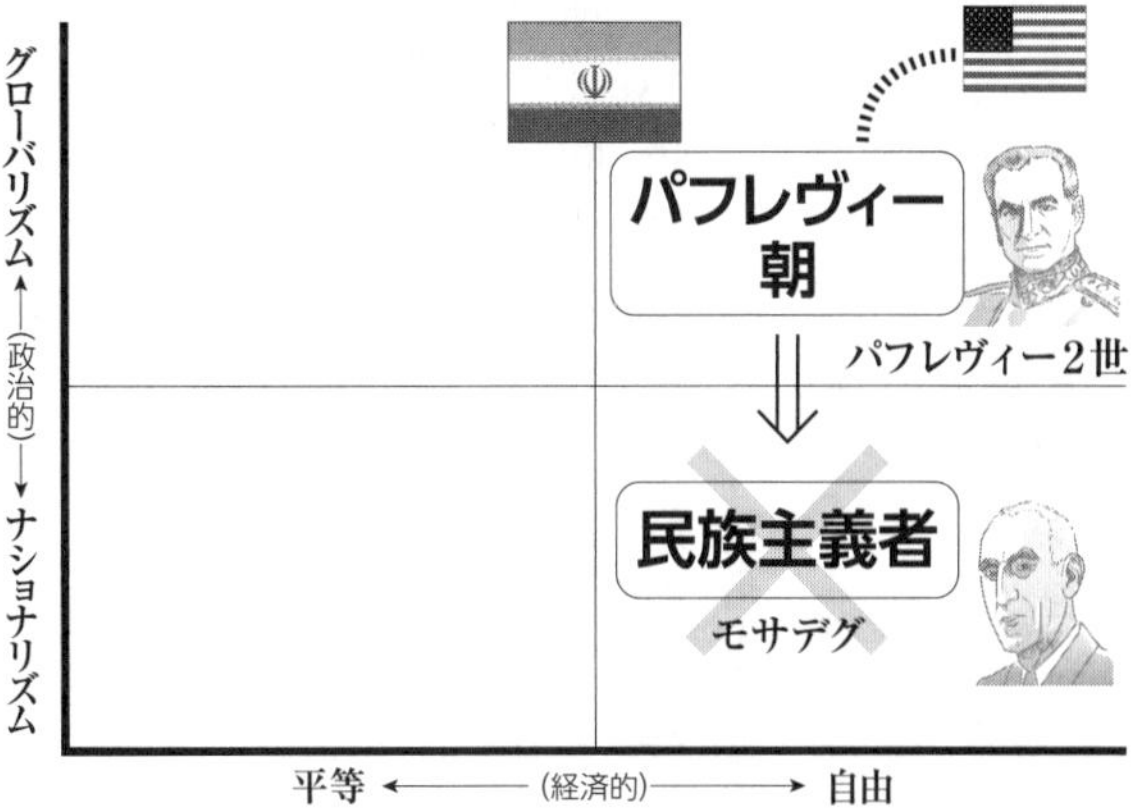

モサデグ（1882～1967）
パフレヴィー朝のイランの首相（任1951～53）。民族主義の高まりに押されて首相となった。米英の圧力に抵抗し、石油国有化を断行。しかし、次第に独裁者として非難されるようになり、軍部のクーデターによって失脚。

パフレヴィー2世（1919～80）
イラン最後の王（位1941～79）。1953年、石油国有化を強行したモサデグ政権の失脚後、極端な西欧化政策を採用し、工業化政策を掲げ、貧富の格差を拡大した。これにより国民の支持を失い、1979年にイラン革命が勃発。国外に亡命した。

石油資源の国有化を断行して失脚したモサデグ首相も、アメリカ資本と手を組んで石油資源の開発を進めたパフレヴィー王朝も、ナショナリストとグローバリストの違いはありましたが、どちらも西洋的な近代化を目指したことでは同じです。

特に、西欧主義者のパフレヴィー2世はイラン社会を近代化するため、農地改革、女性参政権、国有工場の払い下げなどの改革を断行しました（白色革命）。外国企業を積極的に受け入れると、外国の映画や文学なども流入し、日常生活の西洋化も進みました。こうした急激な西洋化に対する保守派の不満が、イスラムの伝統回帰へと向かっていったのです。

また、近代化によって経済は成長したものの、経済成長に取り残された貧困層も生まれました。つまり、貧富の格差が広がっていったのです。

本来、イスラム教では、「アッラーの前では皆が平等である」という考え方を重んじます。富める者は貧しき者に施しをする務めがある。これがコーランの教えです。ですから、王族や政府高官が外国資本に便宜を図って利益を独占しているのは、イスラムの教えに反する行為なのです。

「国王を倒すことがアッラーのご意思に叶う」

ホメイニ師が説教すると、瞬く間に民衆の支持を集めました。富の不均衡への民衆の怒りが「国王打倒」へと向かい、イラン革命を引き起こしたのです。

革命が成功すると、イスラム法学者であるホメイニ師が最高指導者の地位に就き、イスラムの規範に基づく神権政治が始まりました。親米の王朝を倒し、外国資本を締め出したことで、イランは西欧諸国を完全に敵にまわすことになりました。こうして始まったイランと米英との敵対関係は、今なお続いています。

１９８９年にホメイニ師が死去すると、２代目のハメネイ師が最高指導者に就き、現在に至っています。

ところで、読者の皆さんは、イランでは、なぜイスラム法学者が国を治めているのか、不思議に思うかもしれませんね。

シーア派は、ムハンマドの後継者のアリーと、その直系子孫しか指導者（イマーム）として認めません。他方スンナ派は、聖典『コーラン』に従うイスラム教徒なら、ムハンマドやアリーの直系子孫でなくても指導者になれると考えます。その違いから、両派の間には「誰がムハンマドの真の後継者なのか」に関して争ってきた歴史があり、シーア派のイマームは絶えず多数派のスンナ派から迫害を受けてきました。

十一代イマームが亡くなった時、葬式に5歳くらいの少年が突然現れて、こう言いました。「皆さん、父の葬儀は、後継者であるぼくが行います」――。

ところが、この少年はふっといなくなり、二度と姿を見せませんでした。

この事件以来、「あの少年が十二代イマームで、迫害を逃れるためにお隠れになった」と信じられるようになりました。この少年は「アル・マフディー（救世主）」と呼ばれ、今でも最高指導者として認められています。

少年の姿のまま、どこかに身を潜めている、とシーア派の人たちは信じています。これを「隠れイマーム」と言います。

それ以来時々、十二代イマームの代理人と名乗る人が現れて、シーア派の革命運動を主導してきました。

イラン革命で王政を倒したホメイニ師も、その一人なのです。

ホメイニ師は、「私は十二代イマームの代理人として、この国を治める」と宣言し、権力を握りました。

■イラン革命の「政治思想マトリックス」

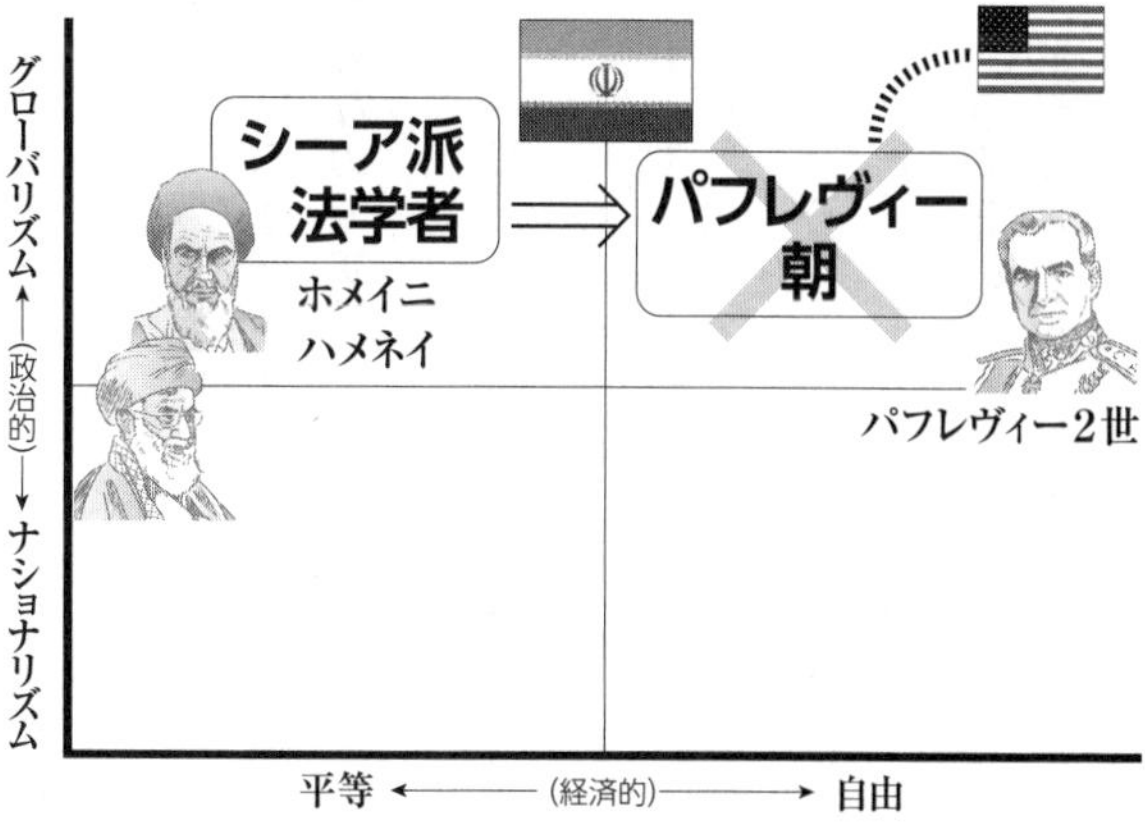

ホメイニ (1902～89)
イラン革命の指導者。パフレヴィー2世による白色革命に反対し、1979年に勃発したイラン革命の先頭に立ち、80年代の世界に大きな影響を与えた。革命期、シーア派十二イマーム派の理念に基づいて、最高指導者となった。

アリー・ハメネイ (1939～)
イランの現・最高指導者。イスラム教シーア派、およびイラン革命の指導者であるホメイニ師に師事。革命後は、国防次官、革命防衛隊司令官、イラン国会議員などを歴任。89年、ホメイニ師死去にともないイラン最高指導者となった。

現在のイランでは、他の民主主義国家と同じように、選挙で選ばれる議会と大統領は存在します。ただし、それらの上に、最高指導者としてイスラム教の法学者が君臨し、イスラム法にのっとった統治を行っています。**イスラム法学者が国のトップを務めるのは、彼らが「十二代イマームの代理人」だからなのです。**

□イスラム教とは、グローバリズム宗教である

そもそもイスラム教では「アッラーの下に万民平等」であり、毎年メッカ巡礼のために数億人のイスラム教徒が国境を越えて移動します。彼らのアイデンティティ（自己規定）は、第一に「イスラム教徒（ムスリム）であること」であり、二番目が「○○人であること」なのです。

イスラム教は本質的にグローバル宗教であり、「『コーラン』の時代に戻ろう！」というイスラム保守主義は、国境を越えたイスラム共同体を実現しようというグローバリズムを意味するのです。

その一派であるシーア派もまた、グローバリズムを志向します。

イラン革命の成功は、世界初の「シーア派革命」として周辺諸国へ大きな影響力を及ぼしました。イラン革命が目指したのは、「抑圧されているシーア派を解放し、イスラム世界を本来の姿に戻すこと」でした。

シーア派はイスラム世界では少数派ですが、「預言者であるムハンマドの一族を指導者と仰ぐ自分たちこそが、イスラム教の本家である」と自負しています。

シーア派こそが正統派であるにもかかわらず、多数派のスンナ派に絶えず弾圧されてきた。「自分たちは被害者であり、殉教者である」とシーア派の人たちは考えているのです。

だからこそ、シーア派の教えに立ち返り、イランを本来の姿に戻す。それだけでなくイラン革命の精神を、イスラム世界全体に広げよう——。これがイラン革命の精神です。**国境を越えてイラン革命の輸出をもくろんでいた彼らは、「価値のグローバリスト」でもありました。**

革命後、隣国イラクとの戦争が始まると、ホメイニ師は「革命防衛隊」を発足させます。イラン革命に熱狂した若者たちから志願兵を募った組織で、国軍とともに

■イランにおけるコッズ部隊の立ち位置

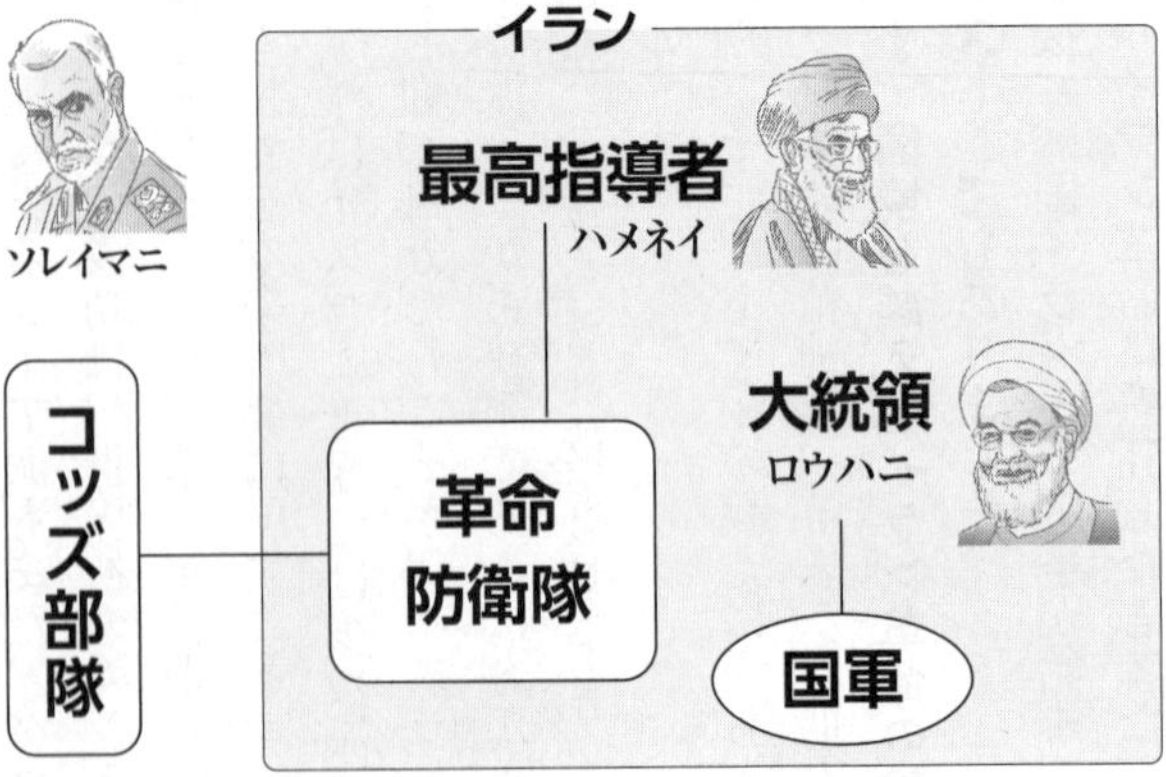

イラク軍を迎え撃ちました。その中に「コッズ部隊」と呼ばれる特殊部隊が組織され、イラン国外におけるシーア派組織を援助し、「イラン革命の輸出」を目的としました。

この組織、何かと似ていませんか？　そうです、ロシア革命後に各国共産党を束ねる本部機関としてモスクワに設立されたコミンテルンと同じです。コッズ部隊は、コミンテルンのイラン版なのです。

コッズ部隊は、イラン革命防衛隊に所属する部隊です。このイラン革命防衛隊も、ホメイニ師が設立した軍隊で、イランの正式な国軍ではありません。イラン国軍は別に存在します。

革命防衛隊と国軍は、表向きは協力してイランの国家を守る立場ですが、その成り立ちが大きく異なります。

国軍は、前のパフレヴィー王朝時代から引き継がれた軍隊です。親米王朝を支えていた軍隊ですから、反米主義に転じたホメイニ師の新体制に対して、いつ何時、反旗を翻《ひるがえ》さないとも限りません。

そうした警戒心から、ホメイニ師は、イラン革命政権に忠誠を誓う人たちだけを集めたもう一つの武装組織をつくり、最高指導者の直属としました。

これが革命防衛隊なのです。

旧体制から続く国軍をつぶさず、二つの軍隊を共存させているのは、イランのユニークなところです。これはナチスの場合と似ています。ナチスでも、本来のドイツ国防軍は残しつつ、それとは別に、ヒトラー個人に忠誠を誓う親衛隊を組織しました。

□スンナ派の「IS」vs.シーア派の「コッズ部隊」

中東各地で続く、さまざまな紛争の裏で、コッズ部隊が暗躍しています。シーア派は中東全域に散らばっていますが、ほとんどの国で少数派であり、各国の政府から弾圧されています。中東各国のシーア派組織を支援し、その反体制闘争を裏で操っているのがコッズ部隊です。

たとえば、シリアの内戦にもコッズ部隊が絡んでいます。

シリアでは、親ロシア派のアサド家による軍事独裁政権が続いています。シリアの多数派はスンナ派ですが、アサド家はアラウィー派といって、シーア派の一派です。つまり、少数派であるアラウィー派の政権が、多数派のスンナ派を抑え込むために、軍事独裁で政権を維持してきたというわけです。

ところが、2010年末以降に「アラブの春」が北アフリカや中東地域で吹き荒れると、その勢いはシリアにも及びます。「アラブの春」とは、独裁政権に対する

■シリア内戦におけるコッズ部隊の役割

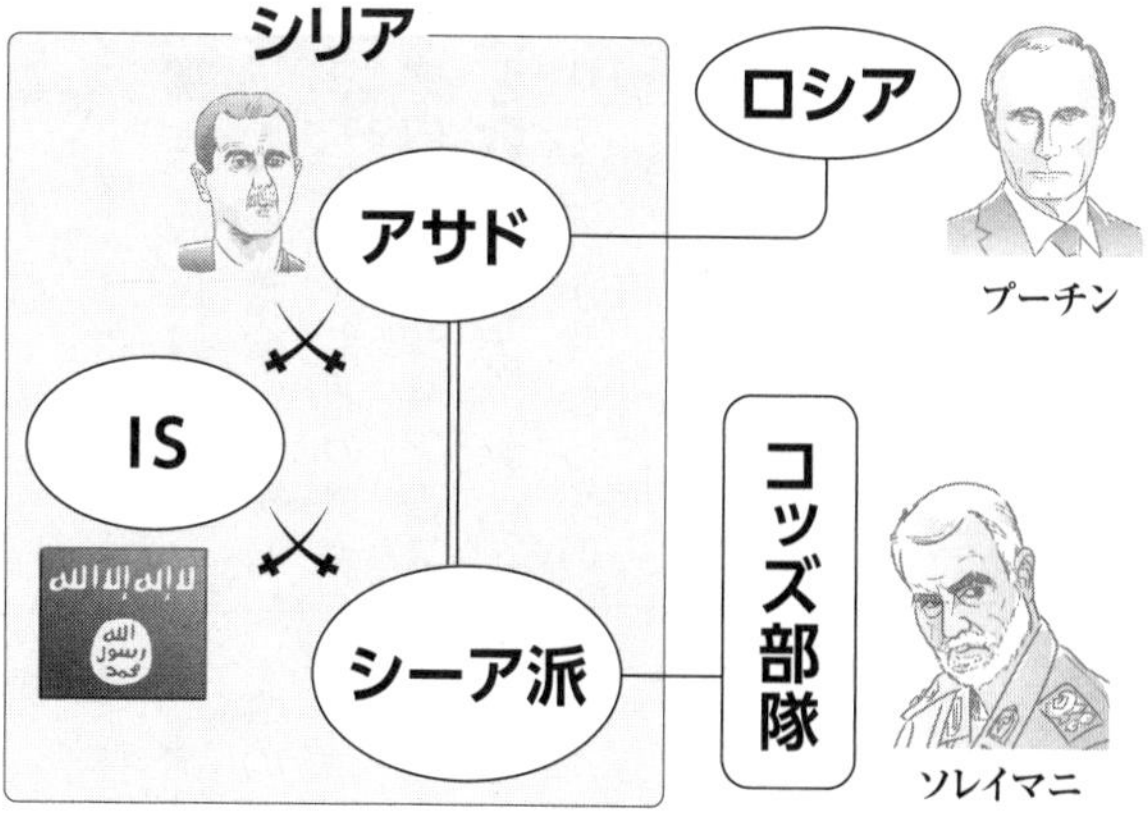

民主化運動の総称ですが、シリアでも「アサド独裁政権を倒せ！」と叫ぶ民主化運動が活発になります。

実は、この民主化運動を裏で仕掛けたのは、アメリカのオバマ民主党政権と国際金融資本でした。ソ連崩壊後も存続する中東の親ロシア政権を苦々しく思っていた彼らは、独裁政権下で抑圧されていた人たちを煽り、反政府運動に火をつけたのです。イラク、エジプト、リビアの親ロシア政権をつぶし、ついに最後に残ったシリアのアサド政権をつぶしにかかったのです。

シリアの内乱に乗じて勢いを増したのが、イスラムの武装組織であるＩＳ（イスラム国）です。

ISは、スンナ派の過激派です。アサド政権下で抑圧されていたシリアのスンナ派と連携して、反政府勢力となってアサド政権を攻撃しています。

逆に、アサド政権を支援しているのが、イランのコッズ部隊です。シーア派の一派であるアラウィー派のアサド政権は、イランとも同盟関係にあるのです。**シリア内戦は、シリアのスンナ派とISが結びつき、アサド政権を支援するコッズ部隊と戦っている、という構図です。**単なる国内勢力の派閥抗争ではありません。シリア内戦が終わらないのは、これが理由です。

□キリスト教徒が多い「レバノン」の受難

イスラエルの北隣にあるレバノンは、中東唯一のキリスト教国としてフランスから独立しました。レバノンのキリスト教徒はマロン派と言い、中東一帯がイスラム化されたあとも、レバノンの山岳地帯にこもってキリスト教の信仰を守ってきた人たちです。

十字軍が侵攻すると、マロン派は率先して十字軍のエルサレム攻略に協力しました。そのため、**再びこの地がイスラム支配下に戻ると、彼らは「十字軍の手先」とみなされ、再び少数派の悲哀を味わうようになったのです。**

第一次世界大戦でオスマン帝国が崩壊し、英・仏がこの地域を分割した時、マロン派キリスト教徒はフランスの支配を歓迎し、イスラム教徒のシリアとは分離して「レバノン」として独立したのです。現在も、レバノンでは、多数派のキリスト教マロン派が政権を握っています。

日産自動車のカルロス・ゴーン元会長もマロン派のキリスト教徒です。背任罪などで告発されたゴーン会長は、密出国して母国のレバノンに逃亡しました。

長くレバノンを支配してきたマロン派キリスト教徒の政権に対し、イスラム教徒の不満が高まります。特に、第三次中東戦争（1967）で隣国イスラエルから逃れてきたパレスチナ難民（イスラム教徒）がレバノン国内に流れ込んだことで、人口のバランスが崩れました。この結果、マロン派キリスト教徒とイスラム教徒との間でレバノン内戦が勃発し、「中東のパリ」と呼ばれていた首都ベイルートは灰燼《かいじん》に帰《き》しました。レバノンでは今も、その後遺症が続いています。

マロン派キリスト教政権に対して、「イスラエル宥和《ゆうわ》的なレバノン政府は腰抜けだ！」と攻勢を強めているのが、レバノン南部を拠点とするシーア派武装組織のヒズボラです。

彼らは、もともとイスラエルから逃れてきたパレスチナ難民の組織です。レバノンの南部に居すわり、イスラエルに対してロケット弾発射などのテロ行為を繰り返しています。このヒズボラに対しても、イランのコッズ部隊が軍事訓練を行い、武器を提供しているのです。

❏「イラク戦争後」のイラクは、どこへ向かうのか？

かつてイラクには、サダム・フセインという独裁者がいました。フセインはスンナ派の大統領でした。しかし、イラクの人口の約6割を占めていたのはイランと同じシーア派であり、少数派に属するフセインが国を運営するには独裁しかありませんでした。シリアのアサド政権と同じです。

■「レバノンとイラク」とコッズ部隊の関係

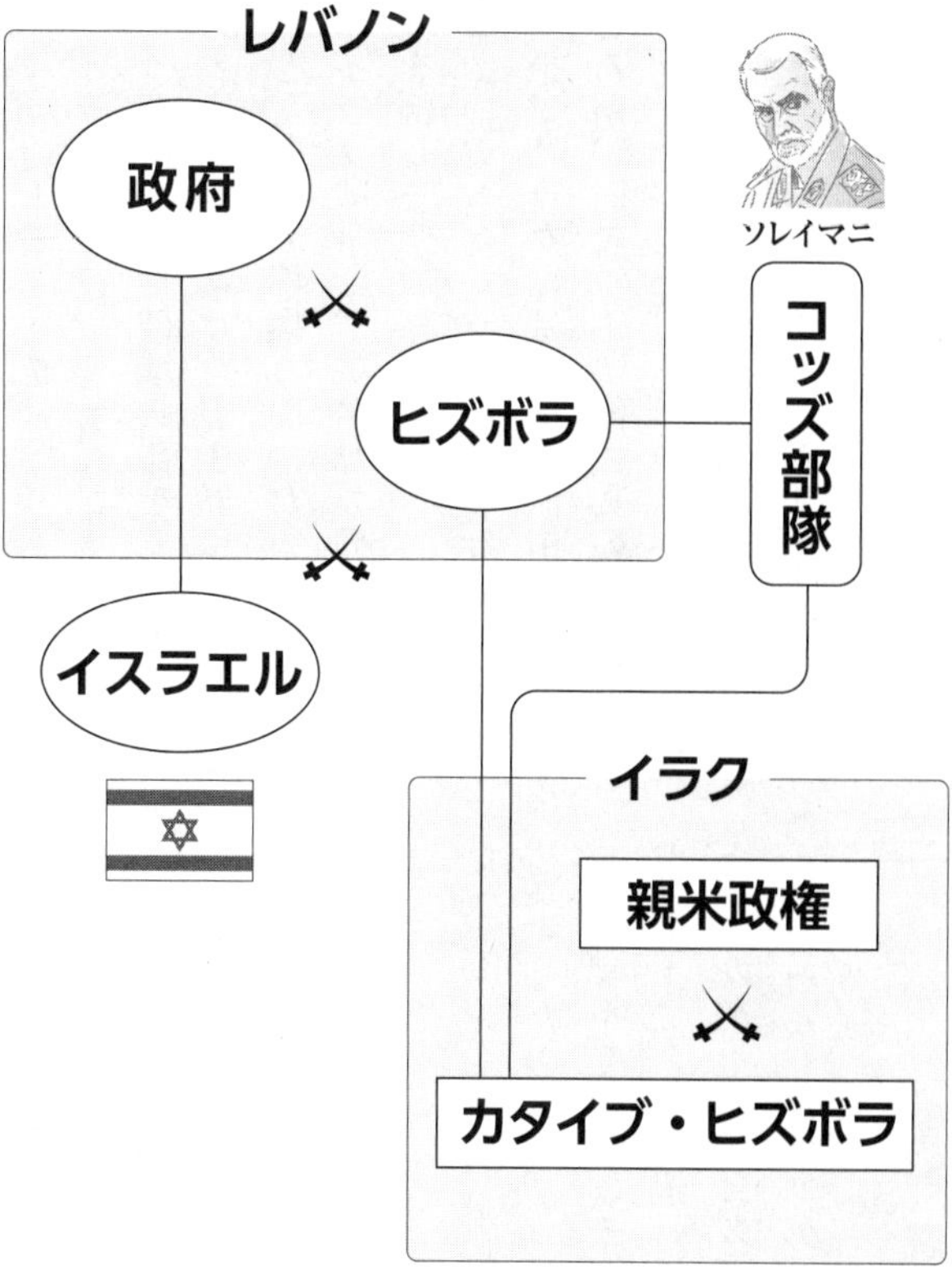

２００３年に始まったイラク戦争をきっかけに、フセイン政権の独裁は幕を閉じます。イラク戦争は、「２００１年9月11日にアメリカで同時多発テロを仕掛けたアルカイダに、大量破壊兵器を流しているのはイラクのフセイン大統領だ」と主張するアメリカの主導で始まりました。しかし、戦争が終わってイラク国内を調査してみると、開戦の根拠となった大量破壊兵器は見つかりませんでした。

このイラク戦争で、アメリカの支援を受けた反政府勢力のシーア派民兵がフセイン政権を倒します。

米軍に拘束されたフセイン大統領は、シーア派民兵の手で絞首刑になりました。この結果、イラクにはシーア派中心の親米政権が誕生したのです。

ところが、同じシーア派民兵の中から、イランの影響を受けて反米の過激派グループが現れます。彼らは、「アメリカは敵だ、米軍をイラクから追い出せ」とイラク駐留の多国籍軍に対するテロ攻撃を始めました。「カタイブ・ヒズボラ」と名乗る彼らは、レバノンのヒズボラとは兄弟関係で、もちろん、イランのコッズ部隊の影響下にあります。

□最終目標は、「聖地エルサレムの奪回」

イランは中東各国のシーア派組織を手先に使い、テロを含むあらゆる非合法活動を行ってイラン革命を中東全域に広げようとしています。彼らの最終目的は何なのでしょうか。

「コッズ部隊」という名前の由来を考えると、イランの狙いが見えてきます。「コッズ（Quds）」には、ペルシア語で「聖地」の意味があります。中東で聖地といえば、エルサレムのことです。ユダヤ教、キリスト教、イスラム教の共通の聖地であり、イスラム教では預言者ムハンマドがここから天に昇った、という伝承があります。現在、新市街の西エルサレムはイスラエル軍の占領下にあり、「神殿の丘」を中心とする旧市街の東エルサレムはパレスチナ自治区の管轄となっています。

コッズ部隊の最終目標は、中東各国にシーア派政権を打ち立てて、連合軍を結成してイスラエルに攻め込む。そこからユダヤ人を追い払い、エルサレムを奪い返すことです。

イスラエルにとっては、「ふざけるな！」と言いたいところでしょう。

□なぜ、ソレイマニ司令官は暗殺されたのか？

２０２０年１月、コッズ部隊のソレイマニ司令官がアメリカ軍特殊部隊によって殺害されるという事件が起きました。命令を下したのは、トランプ大統領です。

イラクの首都バグダッドを訪れたソレイマニ司令官が、イラクの反政府勢力であるカタイブ・ヒズボラの司令官と一緒に車に乗り込みました。そこに、アメリカ軍のミサイルが撃ち込まれたのです。

イラクでは、２０１９年末からカタイブ・ヒズボラの反米テロ活動が活発になっていました。カタイブ・ヒズボラが米軍施設をミサイル攻撃すると、アメリカがカタイブ・ヒズボラの施設にやり返す。それがイラク国民の反米感情に火をつけ、バグダッドのアメリカ大使館襲撃へと発展しました。

報復は、それで終わる気配を見せず、アメリカ人や米軍施設への攻撃計画も噂されていたのです。エスカレートする破壊活動の黒幕はイラン革命防衛隊であり、その指揮権を握るソレイマニ司令官を殺害した。これが直接的な理由です。

では、アメリカは、どうやってソレイマニ司令官の居場所を正確に把握できたのでしょうか。

情報を提供したのは、おそらくイスラエルの情報機関である「モサド」です。

イランを脅威に感じるイスラエルは、コッズ部隊の動きを常に監視し、その情報をアメリカの情報機関に渡していたのでしょう。あるいは、イランの現政権内部にアメリカの協力者がいた可能性もあります。いずれにせよ、ソレイマニ司令官の居場所はトランプ政権に筒抜けだったのです。

ガセム・ソレイマニ　1957〜2020

イランの軍人。イラン革命防衛隊に入隊後、数々の戦線で成果を上げ、昇進。イラン革命防衛隊の一部門であり、イラン国外で特殊作戦を行うコッズ部隊の司令官を務めた。米軍の無人攻撃機の爆撃を受け、死亡した。

□イランを無視できない「大人の事情」

それにしても、アメリカがイランをここまで警戒するのはなぜでしょうか。

イラン革命自体はイラン国民が選択した結果ですから、他国が口を出すことではありません。また、今さらイランを親米王政に戻すのは不可能でしょう。

ただし、イラン革命が周辺国に輸出されるとなれば、話は別です。

イラン革命が中東諸国へ波及して反米政権が次々に誕生すると、アメリカ資本が中東から追い出されてしまいます。これまで営々と築き上げてきた中東での利権を、手放さなければならなくなるのです。

アメリカは、中東に親米政権をたくさん打ち立てて、石油やガスの利権を独占してきました。イラク戦争でサダム・フセインを倒したのも、本質的には石油利権の回収が目的でした。戦後、イラクのシーア派政権を事実上アメリカの従属国にしたことで、アメリカの石油会社がイラクの油田を確保することができました。

もう一つの要因は、イスラエルです。イスラエルはユダヤ人国家ですが、世界最大のユダヤ人口を抱えているのは、実はアメリカ合衆国なのです。

これは、欧州やロシアで迫害されたユダヤ人がアメリカへ移住したためで、彼らの多くはニューヨークに拠点を置き、国際金融資本やマスメディアのオーナーとなって、アメリカ世論を動かす力を持っています。

彼らはアメリカ国民ですが、イスラエルとの二重国籍を持つ者も多く、「心の祖国」であるイスラエルの安全を第一と考えます。

よって、イランがイスラエルを脅迫することは許せないのです。

誰にも言えない「イランの本音」

ソレイマニ司令官は、イラン国内では人望の厚い人物でした。数々の戦闘を勝利に導いたイランの英雄であるだけでなく、人徳があり、ワイロも一切受け取らない、素晴らしい人。だから、彼がアメリカの空爆で痛ましくも殺害されて、イラン国民は怒っている――。

こうした〝いかにも〟といったニュースが、さかんに流布されました。

しかし、実のところ、それほど単純な話ではないのです。ステレオタイプな報道に騙されてはいけません。

イラン国民の悲しみや怒りは本物ですが、イランの革命政権は、この事件を大々的に報道することで、国民を反米で一致団結させるために利用しようとしています。これはプロパガンダです。

その一方で、政権の中枢にいる人たちは別のことを考えているはずです。

思い出していただきたいのは、ロシア革命の世界輸出を画策したトロツキーがどうなったか、ということです。資本主義諸国との共存を模索するスターリンは、世界革命に固執するトロツキーが邪魔になりました。彼の一派を弾圧して、逃亡先のメキシコにまでテロリストを送り込んで殺害してしまいます。

この時、仮に、トロツキーの隠れ家をアメリカ軍が空爆して、トロツキーを殺していたら、どうなっていたでしょうか。

スターリンは表向き、「アメリカ帝国主義を許さない！」と国民の反米感情を煽ったでしょう。しかし、おそらく心の中ではアメリカ軍に感謝したはずです。

「アメリカさん、邪魔なトロツキーを始末してくれてありがとう！」

イランの状況も、これと同じなのです。**ソレイマニ司令官の殺害に憤慨するふりをして、喜んでいる人たちがイランの政権内に必ずいます。**口に出しては言わないけれど、ソレイマニが消えてホッとしている人たちがいるはずなのです。

たとえば、最高指導者のハメネイ師は、どうでしょうか。

血気盛んなコッズ部隊がイラン革命を周辺国にガンガン輸出すれば、アメリカの怒りを買うのは必至です。アメリカとイランが全面戦争に突入すれば、軍事力で負けるのはイランです。そうなれば、イラン革命の成果はすべて失われてしまいます。ハメネイ師は、そのことを十分に理解しているはずです。

国民向けには、「私はアメリカに屈しない！」と毅然とした態度で言い放ちますが、まともにアメリカと喧嘩して勝てるはずがないことは、彼自身もよくわかっています。

ところが、革命防衛隊の暴走が止まりません。**中東のあちこちでコッズ部隊がトラブルを起こしています。彼らの作戦のすべてをハメネイ師が認可しているとはと**

ても思えません。

コッズ部隊の暴走には、ハメネイ師も手を焼いているのではないでしょうか。その意味で、ハメネイ師は、関東軍の暴走に手を焼いていた昭和天皇に重なります。ソレイマニ司令官が殺害されて一番胸をなで下ろしたのは、実はハメネイ師なのかもしれないと、私は想像します。

❑「犠牲者ゼロの報復」に、隠されたメッセージ

また、イランのロウハニ大統領と、その直属部隊であるイラン国軍の存在もあります。イラン国軍とイラン革命防衛隊は、ともに協力してイランの国を守る軍隊でありながら、決して一枚岩ではありません。

イラン革命の精神に心酔する志願兵で構成されたイラン革命防衛隊とは違い、イラン国軍は徴兵された一般国民で組織されています。イラン革命を誇りに思ってはいても、そのために殉教したいとまでは思っていません。むしろ経済制裁が解除されて、国民生活が豊かになることを望んでいます。アメリカを挑発するようなコッ

ズ部隊の動きは、はっきりいって迷惑なのです。

コッズ部隊の暴走を疎ましく思う人たちが、イラン政権内にもたくさんいたことは、ソレイマニ司令官が殺害されたあとのイランの動きを見ても明らかです。

ハメネイ師が「アメリカへの報復」を宣言すると、イランからイラクの米軍基地に向けてミサイルが撃ち込まれました。ミサイル16発のうち12発が米軍基地に落ちたものの、ヘリコプター１機が損傷しただけで、犠牲者はゼロ。これは奇妙です。

おそらく、イラン側は事前に「どこどこにミサイルを撃ち込むから逃げたほうがいい」と米軍側に通告していたのでしょう。「国民の怒りが収まらないからミサイルを撃ち込むけれど、アメリカと本気でやり合う気はないから」と伝えていたのでしょう。つまり、**完璧なヤラセです。**

その証拠に、イランからのミサイル攻撃に対して、トランプ大統領の反応は拍子抜けするほど冷静でした。「アメリカは反撃しない」――それでおしまいです。

トランプ大統領は、実に喧嘩上手です。ギリギリまで緊張を高めておいて、衝突寸前でサッと身を引く。殴りかかるふりをして、拳を引っ込める。

彼は北朝鮮に対しても、まったく同じやり方をしていました。殴りかからないとまともに話を聞かない相手には、思いっきり拳を振り上げる。そして、殴るふりをして、引くのです。

ソレイマニ司令官の殺害に関して、「アメリカが戦争を煽っている」とか、「トランプが中東を再び混乱に巻き込んでいる」といった見方がありましたが、これらは事実誤認です。

「トランプは戦争を煽っている」とお決まりの批判を繰り返したマスメディアや評論家の皆さんは、「喧嘩のやり方」を一度、勉強したほうがいいと思います。

世界は、イランとどう向き合うべきか

今後、世界はイランと、どのように向き合っていくべきでしょうか。

ここでも、ロシア革命を成功させたソ連に対して、世界がどう向き合ってきたかを振り返ると、ヒントが見えてきます。

ソ連に対する世界の立場は、「ロシア革命の輸出を企てるコミンテルンは認めな

い。暴力革命を容認する共産党も認めない。しかし、ソヴィエト連邦が国際社会の一員となることは認めよう」。こうやって資本主義諸国は、ソ連と国交を結び、国際連盟に取り込みました。

イランに対しても、これと同じような政策が最も合理的でしょう。

つまり、**コッズ部隊をイラン国家から切り離して考えるのです。**

国家としてのイランは認める。イラン国軍もイラン革命防衛隊も、ともにイランの国防を担う軍隊として認める。ただし、**革命の輸出を狙うコッズ部隊は国際テロリストであり、一切認められない。**

イランが国家として認められれば、イランに対する経済制裁も解除されて、イラン国民も困窮状態から逃れられます。これが一番理想的な姿でしょう。

逆に最悪のケースは、イラン政府の意図に反して革命防衛隊が暴走し、テロに次ぐテロを重ねていくことです。ハメネイ師が革命防衛隊をしっかりコントロールできていない状態ですから、これは十分にあり得ます。

また、イランの核開発が容認できないレベルに達した場合も、アメリカ、もしくはイスラエルは、イランへの軍事攻撃に踏み切るでしょう。

トランプ大統領のメッセージは、２０１６年の大統領選から一貫していました。「アメリカは中東のゴタゴタから手を引きたい。だからテロはやめろ」です。

❏サウジアラビアとイスラエルのアメリカ離れ

中東の石油利権は、米英の石油資本が山分けしてきました。そのうちアメリカの取り分だったのが、サウジアラビアです。

20世紀の初頭、砂漠の遊牧民にイブン・サウードという英雄が現れ、イギリスの支配下にあった他のアラブ諸国に対抗して建国したのが「サウード家のアラビア」――サウジアラビアでした。

『コーラン』を法とし、聖地メッカとメディナの保護者を自任するサウード家の最大の問題は財政難でした。国土は砂漠ばかり、オアシスでナツメヤシをつくるくらいしか産業がなかったのです。

このアラビアの砂漠の地下に目をつけたのが、ロックフェラー系石油資本のアラムコ（アラビアン・アメリカン石油会社）でした。サウード国王から独占的な石油採掘権を与えられた同社は、１９３０年代から次々に油田を発見します。

石油利権を求めるアメリカと、油田開発技術と軍事援助を求めるサウジアラビアは深く結びつき、石油代金を米ドルで支払うという国際ルール（ペトロダラー体制）も両国の間で取り決められました。

エジプトやイラクが親ソ社会主義政権に転じ、イランがイスラム革命政権に転じたあとも、サウジアラビアはアラブ最大の親米政権として微動だにしませんでした。油田の多い東部には、イラン革命にシンパシーを持つシーア派住民を抱えているのですが、国王独裁体制のもと、力で抑え込んできたのです。

そのサウジアラビアが、急速にアメリカ離れを起こしています。

建国者イブン・サウードの息子たちが王位を兄弟相続したため、この第二世代が高齢化し、サウジアラビアの権力は第三世代のムハンマド・ビン・サルマン王子に移りました。

このビン・サルマン体制を独裁と非難し始めたのがアメリカのオバマ政権で、サウジアラビア最大の敵であるイランの核開発を容認する「イラン核合意」を進めたのです。つまり、サウジアラビアを見捨てて、イランにすり寄る姿勢をアメリカ民主党政権が見せたのです。

共和党トランプ政権は、オバマが結んだ「イラン核合意」から離脱してサウジアラビアとの関係を修復し、イランを最大の脅威と見なすイスラエルとアラブ諸国を和解させようと試みました。

この結果、アラブ首長国連邦（UAE）とバーレーンがイスラエルと国交を結び（2020年、アブラハム合意）、トランプ政権最大の外交成果となりました。サウジアラビアも、これに続く動きを見せていたのです。

ところが、2021年にバイデン民主党政権に変わり、再び「イラン核合意」に戻ってしまいました。アメリカの政権交代に翻弄されるサウジアラビアのビン・サルマン王子は、アメリカ依存の国家運営に危機感を持ったようです。

2023年、中国の仲介により、サウジアラビアとイランの高官が北京で会談し、国交の回復を宣言しました。イラン革命以来の対立関係に終止符を打ったのです。サウジアラビアは石油代金を人民元でも受け取ることを検討し始めました。これは、ペトロダラー体制の終わりの始まりとなるでしょう。

「アメリカ頼むに足らず」と考えたのは、イスラエルも同じです。

2023年10月、武装組織ハマスによる越境攻撃を受け、多くの市民を殺傷・拉致されたイスラエルは、ハマスの本拠地、ガザ地区への大規模な攻撃を開始し、数万人の犠牲者を出しています。ハマスの背後にはイランがいて、これはイスラエルとイランとの代理戦争なのです。

アメリカ民主党政権の下手な中東外交、イランに対する中途半端な姿が、ハマスによるイスラエル攻撃を許すことになりました。

ウクライナ戦争もそうですが、アメリカ民主党政権は国際紛争の長期化をあえて望んでいるのか、と邪推したくなります。長期化すれば、武器が高騰し、軍需産業が儲かることは言うまでもありません。

最終章

敗戦後日本の政治思想史と未来

□アメリカの従属国として始まった戦後日本

最終章では、現代日本の政治思想史を読み解いていきましょう。

日本という国を、国内だけで考えていると、本当のことはわかりません。世界の動きと関連づけて見ていくことで、初めて日本のことが理解できるでしょう。

敗戦後の日本は、残念ながら独立国家とは言えない状態です。どこかの大国に守ってもらわなければ、外国からの攻撃や侵略に対して国家の安全を守ることすらできません。

日本は、かつて最大の敵だったアメリカに敗北し、同国を中心とする連合国の下で制定された憲法9条で、自国を守るための軍隊を持つことさえ禁じられ、日米安全保障条約で米軍の駐留を受け入れました。憲法9条の「戦力不保持」と日米安保による「在日米軍の存在」は裏表の関係になっていて、アメリカは日本の自主防衛を禁ずる代わりに米軍が日本を防衛する、という形になっているわけです。

自国の安全を自国の軍隊で守れず、外国軍隊の駐留を許している国のことを、国際的には「保護国」といいます。**戦後の日本は名目的には独立国ですが、実態はアメリカの保護国なのです。**これは、在韓米軍を受け入れている韓国も同じことです。

このような不甲斐ない状況に対して、米軍を撤退させて独立を取り戻そうという運動が起こりました。

不幸なことにこの運動は、日本を日米安保体制から引き離し、自分たちの陣営に取り込もうとするソ連と中国に利用されることになりました。

ソ連共産党がさかんに日本国内に工作を仕掛けてきて、「アメリカべったりの自民党政権を倒せ」と人々を扇動してきました。彼らは労働組合の内部に潜入し、「君たちの賃金がまったく上がらずに、貧しい生活を強いられているのは、一握りの金持ちが富を独占して、君たちをタダ働きさせているからだ。アメリカの手先である資本家と保守勢力が手を結び、日本を支配している。資本家どもの支配をひっくり返すには、日本社会党へ一票を！」と吹聴したのです。

敗戦後の貧困の中で、理想に燃える多くの若者や労働者がこの宣伝に乗せられ、日本社会党は学生や労働組合を支持母体として巨大政党に成長しました。

□社会主義勢力vs.自民党

当時の保守勢力は、二つに分かれていました。吉田茂《よしだしげる》の自由党と、鳩山一郎《はとやまいちろう》の日本民主党です。この二党は戦前からの因縁があり、すさまじい勢力争いを繰り広げていました。

元駐英大使の吉田茂が始めた自由党は、親米政党でした。アメリカの占領を受け入れ、アメリカがつくった憲法を守り、安全保障はアメリカに任せて、日本は軽武装で経済発展に専念しよう、という路線（吉田ドクトリン）です。吉田茂は、麻生《あそう》太郎《たろう》の母方のおじいさんです。

一方、**「アメリカにこびへつらうのは不本意だ。日本は日本の道を行く」と民族主義的な独自路線を掲げたグループが、鳩山一郎の日本民主党です。**この自立路線がGHQ最高司令官のマッカーサーから睨まれて、鳩山は公職追放を受けていま

■第二次世界大戦後の日本「政治思想マトリックス」

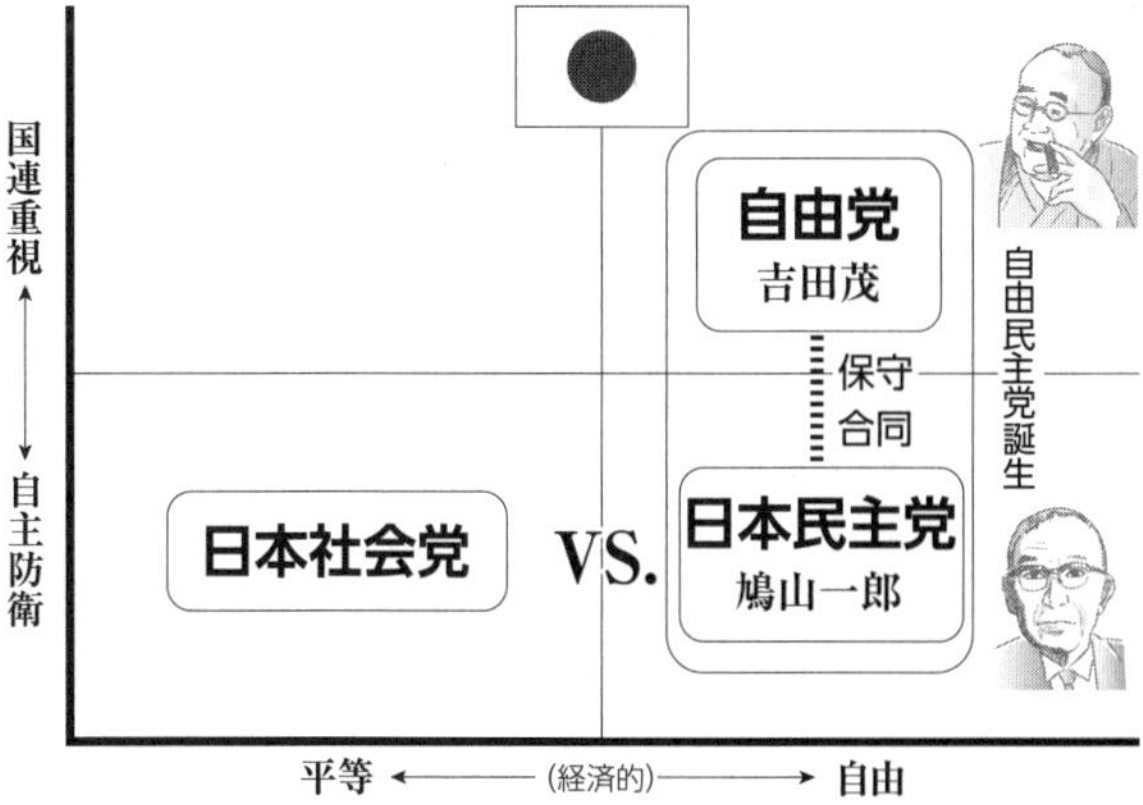

吉田　茂（1878～1967）
日本の首相（任1946～47、48～54）。外交官、外務大臣を経て、敗戦後、首相に就任。壊滅した日本経済を立て直すため、米ソ冷戦下、安全保障をアメリカに担ってもらい、経済成長と発展を優先。戦後日本の政治の基礎を築いた。

鳩山一郎（1883～1959）
日本の首相（任1954～56）。首相在任中、自由党と日本民主党の保守合同を成し遂げ、自由民主党の初代総裁となる。55年体制（与党を自由民主党が占め、野党第一党を日本社会党が占める構図）を築き、日本とソヴィエト連邦の国交回復を実現した。

す。鳩山由紀夫《はとやまゆきお》のおじいさんです。

さて、日本社会党が次第に勢力を伸ばし、保守勢力にとって大きな脅威となりつつありました。折しも朝鮮戦争が始まり、ソ連と中国、北朝鮮が一枚岩となって南下してくる勢いでした。

そこで1955年、日本社会党の台頭に対抗するため、吉田自由党と鳩山日本民主党が手を組みました。この保守合同により誕生したのが、自由民主党です。**この時から、与党が自民党、野党第一党が日本社会党という二大政党体制が始まりました。いわゆる55年体制のスタートです。**

当時の国会内の勢力は、自民党2：日本社会党1の割合でした。55年体制では自民党が長期政権を担ったにもかかわらず、憲法改正が実現しなかったのは、常に国会勢力の3分の1を押さえていた日本社会党が反対し続けていたからです。

日本社会党の背後には、日本の軍事力強化につながる憲法改正を牽制したいソ連の存在がありました。

自民党の初代総裁に就任したのは、アメリカからの自立路線を掲げる鳩山一郎

（首相在任1954～56年）でした。

彼は、アメリカ以外の国も重視した独自外交を推し進めるため、日ソ共同宣言を締結して、ソ連との国交を回復させました。これは、大戦末期にシベリアで拘留された旧日本兵の日本送還のために必要な政策でしたが、アメリカべったりの従来路線に対する一種の反動でもあったのです。

「安保反対闘争」の真相

鳩山派を継いだのが、岸信介《きしのぶすけ》（首相在任1957～60年）です。

岸は日米開戦を行った東條英機《とうじょうひでき》内閣の商工大臣だった人物です。東條内閣の対米戦争継続に反対し、閣内不一致により東條内閣を総辞職させました。戦後は一時期、戦争犯罪人として米軍に拘留されましたが、東條内閣に反対する立場を取った事実が考慮されて、釈放されました。

岸が力を注いだのが、1960年の日米安保条約の改定です。

1951年に締結された旧日米安保条約は、日本の安全保障をアメリカが担うという名目で、占領後も米軍が引き続き日本に留まることを定めた条約です。

しかし、その実態は、日本を完全に属国とみなして結ばれた不平等条約でした。たとえば、①日本国内で起きた内乱を米軍が鎮圧できる（内政干渉）、②米軍の日本防衛義務が明記されていない、などの問題がありました。

その不平等条約を改め、属国だった日本を少しでも独立国に近づけ、日米を対等な同盟関係にする。これが、日米安保条約改定の狙いでした。

ところが、この動きを「日米同盟の強化につながる」と警戒したソ連が、猛烈に反対しました。そして、ソ連の意を受けた日本社会党や労働組合、学生たち数万人が国会をとり囲んで大騒ぎになったのです。彼らは「安保反対！　安保反対！」と口々に叫び、その熱狂はまるで革命前夜のようでした。

新安保条約は、自民党が過半数を占める国会で承認されたものの、混乱を招いた責任を取って岸内閣は総辞職しました。

ただし、安保反対派が望んだ日本社会党政権の樹立には至りませんでした。その直後の総選挙で、自民党が圧勝したからです。

結局のところ、反安保闘争の実態は、国民の総意を表したものではなく、国会の周りに集まったデモ隊が騒いでいただけだったのです。

デモの参加者の大半は、ソ連の工作員に踊らされていただけで、安保改定のポイントが何なのかすら、理解していなかったということです。

□豊かになれば、社会主義運動は起こらない？

社会主義革命が起きるのは、貧困が根本原因です。貧しい人たちが多ければ多いほど、彼らの不平不満、金持ち階級への嫉妬心を「栄養」として、社会主義思想は深く根を張っていくのです。

19世紀後半のロシアでは、外資を導入した急速な近代化の結果、経済は発展したものの貴族や資本家階級に富が集中し、豊かさの恩恵を受けられない民衆の不満がマグマのように蓄積していました。これに火をつけたのがレーニンで、ロシア革命の結果、皇帝や貴族は処刑され、資本家の財産は没収され、貧しい労働者に富を分配するためとして共産党の独裁政権が樹立されたのです。

世界各国の社会主義者や労働組合がソ連を理想国家と考え、これを支持してきたのも、ソ連では貧困が撲滅され、万民平等の理想社会が実現している、と信じられてきたからです。

今の日本人は豊かになりすぎて、貧困といってもピンとこないかもしれません。しかし、敗戦直後の日本は米軍の空爆で何もかも破壊され、戦地から帰還した元兵士はそのまま失業者となり、ストリートチルドレンが街にあふれていました。

このすさまじい貧困からいかに脱出するのか？　日本社会党が国会で3分の1の議席を保ち続けたのも、安保反対闘争に代表されるような社会主義運動、労働運動が盛り上がったのも、その根底には「貧困」があったのです。

しかし、資本主義のまま経済を発展させつつ、富の分配をうまく行えば、人々は貧困から抜け出せるのではないか。革命という暴力も、一党独裁も必要ないのではないか、と考えた一人の政治家がいました。池田勇人《いけだはやと》です。

大蔵官僚を経て政界入りした池田は、その実務能力が買われて吉田茂の後継者の一人に指名された人物です。池田は「経済通」として岸内閣の蔵相となり、安保闘争の責任を負う形で岸内閣が退陣したあと、吉田派の支持を受けて内閣（1960～64年）を組閣しました。

池田首相は初めに、「所得倍増計画」をぶちあげました。「4年後に東京オリンピックを開催し、10年間で日本人の所得を倍にします！」と公約したのです。「デモばかりやっていても豊かにならない。バリバリ働こう！」と呼びかけ、政府はこれをバックアップする政策を次々に打ち出しました。

「太平洋ベルト」を中心に道路・鉄道・住宅などに大規模な公共投資を行う一方で、国民皆保険制度、国民皆年金制度を実現して老後の心配をなくし、国民に消費を促したのです。

「所得倍増計画」は大成功を収めました。日本の国民総生産（GNP）の成長率は10％を超え、高度経済成長を実現しました。その成功を象徴するのが、1964年の東京オリンピックの成功であり、オリンピックに合わせて開通した新幹線や首都高速道路でした。

池田が予見したとおり、日本人の所得が倍になると、学生運動や社会主義運動は急速に下火になっていきます。池田政権下の高度経済成長が、日本の社会主義運動を衰退させるターニングポイントとなったのです。

池田の「所得倍増計画」は、基本的にニューディール型の政府主導による経済成長政策であり、「大きな政府」で所得を分配しようという政策です。

池田自民党は、アメリカ民主党的リベラル政党へと「左旋回」したことで労働者にも支持を拡大し、より過激な「左」の運動である労働運動、社会主義運動を抑え込むことに成功しました。この大転換が自民党長期安定政権を実現し、日本社会党を「万年野党」にしてしまったのです。

池田勇人を支えたグループは「宏池会《こうちかい》」と名乗り、自民党の「保守本流」として、大平正芳《おおひらまさよし》、宮澤喜一《みやざわきいち》らの首相を出しました。

しかし、池田が掲げた「親米自由主義」は、宮澤以降は単なる「対米従属」に転化し、日本の戦後体制（憲法9条体制）を墨守し、憲法改正に反対する守旧派に変化していったのは残念なことでした。加藤紘一《かとうこういち》、河野洋平《こうのようへい》は、その代表です。

❏稀代の政治家・今太閤「田中角栄」登場

池田の所得倍増計画は大きな成果を収めたものの、日本全体で見れば、その効果はまだ限定的でした。豊かになったのは太平洋側だけで、反対側の日本海側は、高度経済成長から取り残されていたのです。

その理由は、日本は海外から石油や鉄鉱石を輸入しているため、輸出入のしやすい太平洋に面した地域の発展が先行するからです。実際、池田政権時代には、東京から北九州までを「太平洋ベルト」と名づけ、この地域を日本有数の工業地帯に発展させる構想が進められました。

その結果、**国内で経済格差が生じました。この地域格差の解消を掲げて登場したのが、田中角栄（首相在任1972〜74年）です。**

田中の出身地である新潟は、世界有数の豪雪地帯です。冬になると雪で覆われるため、農業ができません。高度経済成長から取り残された日本海側のことを、当時は「裏日本」と呼んでいました。若者は地元に職がなく、高校を卒業すると太平洋側へ集団就職で出稼ぎに行く。そんな時代だったのです。

新潟の貧しい農家に生まれた田中角栄は、小学校を卒業すると、夜間学校で学びながら働き、戦後は建設会社を立ち上げました。今でいう起業です。そして地元の新潟を豊かにするため、政権政党の自民党に入党します。

政治家・田中角栄がどうやってのし上がっていったかと言えば、カネの力です。

今も昔も選挙にはカネがかかります。「土建屋のオヤジ」だった田中は、選挙資金を自前で調達することができました。高度経済成長時代、建設業界は非常に景気がよかったのです。お金に困っている政治家たちにお金を渡して、「これで選挙を戦え」と。

当時、自民党では三つの派閥が争っていました。

まず、対米従属派の吉田茂のグループが二つに割れてできた、池田勇人のグループ（宏池会）と、佐藤栄作のグループです。そして、もう一つが、鳩山一郎、岸信介と続く自主外交路線のグループ（のちの清和会）です。岸の孫が安倍晋三《あべしんぞう》であり、清和会が近年の自民党の主流派でした。

田中角栄は最初、佐藤栄作のグループに入っていましたが、カネの力でこのグループを乗っ取りました（田中派の誕生）。佐藤栄作が引退すると、札束が飛び交う自

■巨大化する自民党内派閥

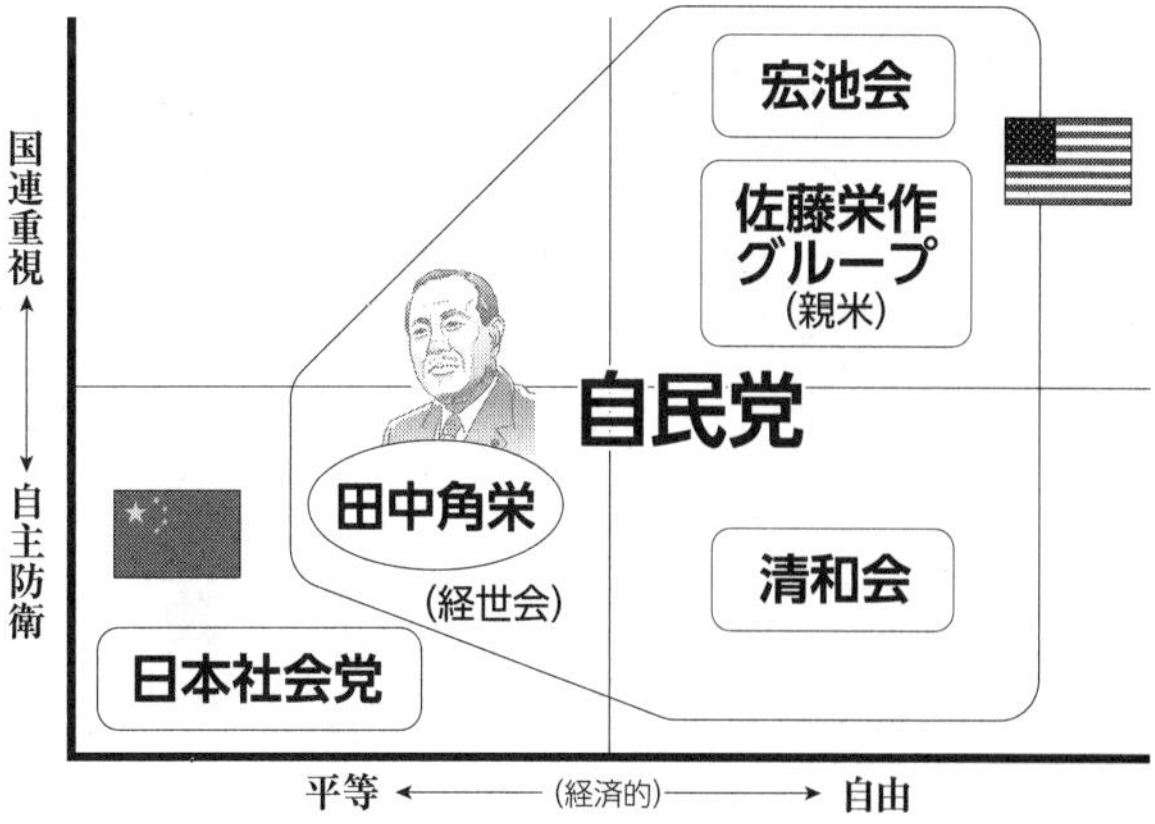

▶当時の自民党には、3つの派閥があった。対米従属派の吉田茂のグループが2つに割れてできた、宏池会と佐藤栄作のグループ。そして、自主外交路線のグループ(のちの清和会)。田中角栄は、佐藤栄作のグループを乗っ取り、親中政策へ舵を切った。

田中角栄 (1918～93)

日本の首相 (任 1972~74)。帝国大学・官僚出身の政治家が多い中、土建会社の社長から政界に飛びこんだ稀代の政治家。産業と人口の集中と過疎をなくす「日本列島改造論」を掲げる。しかし、公共事業を推進する一方、金権政治を生み出した。

民党総裁選で田中が勝利し、首相に就任したのです。

□「富の分配」と「金権政治」の明暗

田中が目指したのは、「富の分配」による平等な社会の実現です。日本中を高速道路と新幹線でつなぐ。豊かな太平洋ベルトから吸い上げた税金を地方に投資して、日本本中を高速道路と新幹線でつなぐ。箱物と呼ばれる公共施設を日本各地につくる。彼が提唱した「日本列島改造論」は、公共事業という形で地方を開発することでした。この意味で田中は、池田以来の「リベラル自民党」の後継者とも言えます。

ただし、池田勇人が「社会主義陣営に対峙《たいじ》する」という明確な政治理念を持っていたのに対し、田中角栄は社会主義国・中国に急接近する、という真逆の政策を打ち出しました。これについては後述します。

田中角栄がつくりあげた集票マシーンは、田中派を引き継いだ竹下派（経世会）が自民党内で権力を維持するための装置としても機能します。つまり、公共事業を地元に誘導することで政治献金を受け取り、これを選挙資金として地元民から票を集める、という仕組みです。

「政治は数、数は力、力はカネだ」――田中角栄自身の言葉です。公共事業で地方の経済（特に建設業界）が潤うと、建設業界から巨額の政治資金が経世会の懐に入ります。経世会は、そのお金を政治家にばらまいて、派閥の勢力を広げていく。

のちに「金権政治」と批判されるこの仕組みを田中角栄がつくり、竹下登《たけしたのぼる》や小沢《おざわ》一郎《いちろう》が引き継いでいきました。経世会が絶頂を極めた時代は、こうしてつくられていったのです。

❏アメリカ頼みから脱却、「親中政策」への大転換

田中政権が誕生する直前に、アメリカのニクソン政権が重大な政策変更を行いました。朝鮮戦争以来対立していた米中関係を、和解へと大転換させたのです。

それまでは、アメリカvs.ソ連＋中国という図式でした。核保有国同士が直接対決を避けながら、局地戦による代理戦争で覇権を競い合ったのです。

しかし、泥沼化するベトナム戦争に手を焼いていたアメリカは、ソ連と中国を仲たがいさせることで、ベトナム戦争から手を引こうと画策します。その直接交渉をするために、1972年2月、ニクソンが北京の毛沢東を電撃訪問します。いわゆるニクソン訪中です。

実はこの時、日本側には何の相談もありませんでした。それまでは、「中国は敵だから、近づくな」と日本を制していたアメリカが、日本の頭越しに北京を訪れたのです。ただ、考えてみれば当然のことで、属国である日本に対してアメリカが意見を求めるはずもありません。

これに憤慨したのが、田中角栄です。「アメリカが行くなら、自分も行く」。田中は同年9月、現職の総理大臣として初めて中国を訪問し、中国との国交を回復しました。

親中路線への転換の背景には、安全保障も経済もすべてがアメリカ頼みの状態から抜け出したいという、田中の世界戦略がありました。

日中国交正常化で中国市場が手に入れば、日本製品を中国市場でバンバン売ることができ、アメリカ市場一辺倒から抜け出すことができます。

田中はまた、石油の輸入をアメリカの石油メジャー（国際石油資本）に頼るだけでなく、インドネシアやソ連からも直接石油を買いつけることも考えました。重要資源の安定供給を目指した外交を「資源外交」と呼びますが、田中は資源外交を拠り所に日本独自の外交を展開していったのです。

自民党は基本的に親米政党ですが、田中が親中路線に舵を切ったことで、党内における親米派と親中派の対立を生み出すことになりました。このあと、野党との闘いよりも、むしろ自民党内の派閥闘争が厳しさを増していくことになるのです。

□アメリカにハメられた？「ロッキード事件」

田中は首相退陣後の1976年、ロッキード事件で逮捕されます。この事件は、全日空がアメリカの航空機メーカーのロッキード社から旅客機を購入する際、田中がロッキード社からワイロを受け取ったという罪に問われたものです。

この事件にはよくわからないことが多いのですが、田中の独自外交がアメリカの怒りを買い、田中を失脚させたいアメリカ政府の意向が働いたという見方が有力です。それまで**日本に石油を売って散々儲けてきた石油メジャーにしてみれば、独自の資源外交を展開する田中角栄は邪魔な存在だったのです。**

田中は逮捕と同時に自民党を離党しましたが、〝田中被告〟の立場になってからも、自民党の弱小派閥から御しやすい人物を首相に立てて、自分はキングメーカーとして権力の座に居すわり続けました。

しかし、最後には側近だった竹下登がクーデターを起こし、田中派の大多数を引き連れて経世会を結成します。田中は竹下の裏切りに激怒し、それがもとで脳梗塞を発症。間もなく亡くなりました。しかし、その手法は、田中派の金庫番だった竹下登が忠実に受け継いだのです。

□「田中角栄のコピー」が、中国市場の甘い蜜を吸う

竹下登（首相在任１９８７～８９年）は、田中角栄が行っていた金権政治をそのまま踏襲しました。さらに竹下は自民党の議員だけでなく、野党だった日本社会党の議員にまで金をばらまいて、国会対策を行ったのです。

そのための資金をどう集めるかといえば、竹下の場合も建設業界からの政治献金です。ただし、日本では高度経済成長期が終わり、国土改造も終盤に差し掛かっていたため、今さら橋や道路の需要もありません。

そこで目をつけたのが、当時まだ貧しかった中国でした。ちょうど鄧小平が改革開放に転じ、外資を誘致し始めた時代です。

「日本が中国の国土開発を手助けしましょう。対中ＯＤＡとして円借款《えんしゃっかん》を行います。その代わり、中国で実施される公共事業を日本企業に発注してくださいね」

つまり、田中角栄が国内で行っていたことを、中国を相手に巨大な規模で始めたのです。

こうして、自民党最大派閥の経世会は中国共産党と蜜月関係になっていきます。

竹下自身は、首相在任中にリクルート事件（リクルート社が子会社の未公開株をワイロとして与野党の政治家にばらまいた事件）が発覚し、内閣総辞職に追いやられます。首相の座を追われた竹下は、その後はキングメーカーとして実権を握り続け、宇野・海部《かいふ》・宮澤の三内閣を擁立しました。自分の言いなりになる政治家を次々と〝お飾り首相〟に仕立てていくところも、田中角栄とそっくりです。

□「小沢一郎」の思想は、いかにして形成されたか

田中角栄に可愛がられ、竹下登の側近として出世街道を上ったのが、小沢一郎でした。彼は主に選挙対策に辣腕を振るい、47歳の若さで海部俊樹内閣を支える党幹事長に就任しました。これ以後、宮澤喜一首相を擁立するまでの日本の政治を仕切っていたのは小沢一郎でした。

それはアメリカも承知していたので、1991年の湾岸戦争の時、日本に自衛隊派遣を要請するアメリカとの交渉の矢面に立ったのは、海部首相ではなく小沢でした。小沢が「憲法9条の縛りがあるため、自衛隊を派遣できない」と主張すると、「ならば、カネを出せ」とブッシュ（父）政権は要求し、日本をキャッシュディスペンサー代わりに使ったのです。日本は結局、多国籍軍に対して130億ドルもの資金協力を行いました。

ここからは私の推測ですが、この時対米交渉を担った経験が、小沢の政治思想を

形づくったのではないかと思っています。

つまり、**「アメリカは戦後、日本をずっと属国のように扱ってきた。これに甘んじていてはいけない。日本は真の独立を達成すべきだ」と小沢は考えるようになり、反米路線へ傾いていったのです。**

すでに冷戦が終わり、ソ連は崩壊過程にあり、国際政治でアメリカに対抗しうる国は中国だけでした。その中国に、小沢は急接近していきます。「反米の政治家」である小沢は、日本がアメリカから自立するための手段として、中国に接近していったといえます。

❏天安門事件を黙認した「日本の罪」

国際政治のリアリズムに照らし合わせれば、小沢のやり方は間違ってはいません。しかし、タイミングが最悪でした。

当時の中国を取り巻く状況がどうだったのか、見てみましょう。

１９８０年代、自由資本主義を取り入れた鄧小平の改革開放によって、アメリカを筆頭に西側各国の対中投資が進みました。すると西側の国々には、「このまま対中投資が増えれば、中国に民主主義が芽生えて、やがて中国共産党政権もソ連のゴルバチョフ政権のように民主化を認めるのではないか」という楽観論が生まれてきました。

しかし、１９８９年6月、その楽観論を打ち砕く事件が起きます。天安門事件です。中国共産党政権が、民主化を求める学生や市民の抗議活動を、文字どおり戦車で踏みつぶしたのです。

西側の各国は中国共産党を非難し、対中投資をやめて、事実上の経済制裁に入りました。

ところが、この経済制裁を骨抜きにしたのが、日本の宮澤喜一政権です。黒幕は、もちろん小沢一郎です。**１９８９年1月、昭和天皇が崩御され、平成の明仁天皇が即位されたあと、史上初の天皇訪中を実現させたのです。**

鄧小平は、もちろん大喜びです。

この天皇訪中（１９９２年10月）をきっかけに、日本は西側各国に先駆けて、対中投資を再開します。アメリカのクリントン大統領も訪中し、西側の国々もこれに追随したことで、中国は国際社会へと再び戻ってきました。その先鞭をつけたのが、小沢の傀儡《かいらい》、宮澤政権だったのです。

中国の元外相・銭其琛《せんきしん》は、回顧録で次のように明かしています。

「西側の中で一番弱い部分は日本であった。日本の天皇の訪中が、西側包囲網を突破する最初の突破口になったのは、非常によかった」――。

早々に経済制裁を解除し、天安門事件をなかったことにしてしまった宮澤（小沢）政権。この罪は極めて大きいと言わざるを得ません。

日中が蜜月時代を迎える一方で、日米関係は次第に冷えていきました。

その理由の一つとして、冷戦の終結が大きく関係しています。

ソ連という敵が存在していた頃は、社会主義陣営に対抗するため、アメリカは同盟国の日本とは良好な関係を築いておく必要がありました。ところが、冷戦終結とともにソ連が消滅すると、アメリカは日本を甘やかす必要がなくなったのです。

その頃から急に、アメリカは日本に冷たくなります。ブッシュ（父）政権は対日貿易赤字の解消を目的に日米構造協議を開始し、日本の経済構造を変革するよう圧力をかけるなどジャパンバッシングが始まりました。

ただし、これは日本に限ったことではなく、世界中で起きていました。冷戦後、アメリカはそれまで対ソ包囲網で結ばれていた各国の親米政権を見限っていったのです。

また、1990年代は、アメリカ自身も、かつてないほど中国にすり寄っていきました。対中投資に前のめりになっていた国際金融資本とズブズブの関係にあったクリントン民主党政権は、日本を出し抜いて対中投資で儲けることしか頭になかったのです。

ソ連の脅威がすでになく、米中関係が蜜月となった時代においては、アメリカの従属国である日本の政界に、ひたすら中国にこびへつらう政治家しかいなかったのも、ある意味で必然だったのかもしれません。

❏小沢一郎の離党に、先見の明あり？

天皇訪中の翌年の1993年、野党から出された宮澤内閣不信任案の採択で、小沢一郎らのグループが賛成票を投じるというクーデターを起こしました。

これがきっかけで自民党政権は崩壊し、1955年に始まった自民党の長期政権（55年体制）は幕を閉じました。小沢は自民党を離党し、反自民連立政権の樹立に動きます。

自民党の最大派閥、経世会で絶対的な権力を握りながら、小沢はなぜ、自民党を去ったのでしょうか。

その少し前、彼は自著『日本改造計画』に自分の考え方をまとめていました。彼の主張の一つが、政権交代を可能にする二大政党制への選挙制度改革でした。

「日本で金権腐敗政治がはびこるのは、政権交代がないからである。政権交代が起きないのは、中選挙区制に問題がある」——。

当時、衆議院選挙で採用されていた中選挙区制では、一つの選挙区から複数の議員を選出していました。たとえば、当選人数が3人の選挙区の場合、そのうちの2人を自民党議員が占めることもあり得ます。

すると何が起きるかというと、自民党の議員同士の派閥抗争に火がつきます。
つまり、自民党で派閥政治がなくならなかったのは、中選挙区制が根本的な理由だというわけです。それに対して、一つの選挙区から1人を選出する小選挙区制を採用すれば、派閥抗争をやる余裕はなくなり、自民党は一つにまとまる。派閥政治を克服できる。

小沢は、このように主張しました。

この選挙改革をはじめ、小沢が提起した内容は、当時の政治課題を先取りしたものでした（1996年の衆議院選挙から小選挙区比例代表並立制が実現）。何より、自民党派閥政治の中で権力の座に上り詰めた小沢一郎が、「派閥をぶっ壊す」とぶち上げたことに、国民は拍手喝采を送ったのです。

□主柱を失った「経世会の逆襲」

小沢は、政治改革に消極的な自民党を見限り、自分の主義主張を掲げて新党を結成し、国民の支持で政治改革を断行する方向へ舵を切ったのです。

■小沢離脱と各政党の対立図

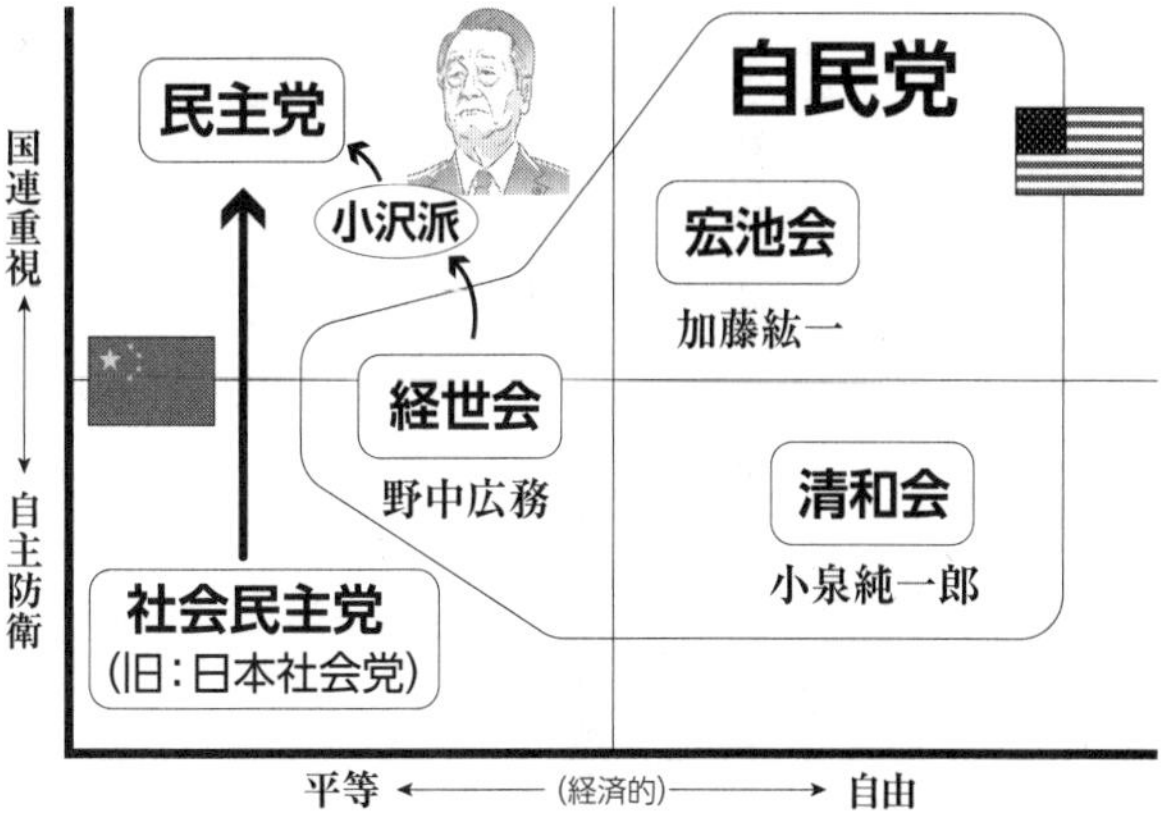

▶小沢一郎は、自民党に見切りをつけて、反自民で党を結集して連立政権を樹立。しかし経世会・自民党に阻まれ、1年弱で野党へ転落。その後も、経世会・自民党と小沢新党のバトルは続いた。新進党の結成・解党ののち、小沢は自由党を結成して党首となるが、鳩山由紀夫らが1996年に結成した民主党に、2003年合流。06年代表に。

小沢一郎 (1942〜)

日本の政治家。田中角栄の薫陶を受ける。選挙対策に辣腕を振るい、47歳の若さで党幹事長に就任。宮澤内閣では事実上、自民党最大派閥の実力者として、党内を取り仕切る。しかし93年、自民党を離党し、反自民連立政権を樹立する。

宮澤内閣不信任直後の衆議院選挙で自民党を過半数割れに追い込みますが、反自民を理由に集まった野党8党派による連立政権は、寄り合い所帯、有象無象の印象が拭えませんでした。

小沢は自ら首相として立つべきでした。それなのに、彼はまたお飾り首相（日本新党の党首・細川護熙《ほそかわもりひろ》）を立てたのです。裏で実権を握ろうとするのは、小沢が師と仰ぐ田中角栄、竹下登から受け継いだ、経世会の体質なのでしょう。

小沢が抜けたあとの自民党では、経世会の野中広務《のなかひろむ》がキングメーカーとして君臨するようになります。**自民党の政権復帰のために、野中はなりふり構わず日本社会党などと手を組み、自社さ（新党さきがけ）連立政権が誕生します。そして、小沢新党は1年足らずで野党に転落しました。**

このあと90年代の日本の政治史は、親中派の経世会・野中自民党と、もう一つの親中派である元経世会の小沢新党（党名がくるくる変わるので覚えられない）とのバトルが延々と続くという、北京から見れば実においしい状況が続いたのです。

このような状況で国民の政治不信が頂点に達した時、彗星のように現れた変な政治家がいました。小泉純一郎です。

□なぜ、「自民党をぶっ壊す」必要があったのか？

経世会の全盛期には、公共事業によるインフラ整備が加速して、農村に至るまで日本は豊かになりました。全国どこに行っても道路は舗装されていて、鉄道が通っている。こういう国は、世界では稀です。富の分配がきちんとなされ、国民が等しく経済発展の恩恵に与《あずか》ることができたのは、大きな功績といっていいでしょう。

一方で、利用者がほとんどいない道路や鉄道もたくさん建設されることになりました。こうした税金の無駄遣いは、政府の財布を預かる大蔵省（現在の財務省）にとっては由々しき問題でした。

大蔵省の官僚たちは、国家の借金を減らし、財政を黒字化したい。だから、採算が取れず赤字経営になるような鉄道や道路をつくられては困るのです。

にもかかわらず、経世会の議員たちに無理矢理に政治力で押し切られてきた歴史がありました。

政治家に人事権を握られているため、表立った反対はできませんでしたが、内心は「ふざけるな」と思っていたはずです。この頃から、「バラマキ経世会」VS.「緊縮派大蔵官僚」のバトルが激しくなっていきました。

経世会の息の根を止めたい大蔵省（財務省）の主流派は、清和会に所属する小泉純一郎に接近します。清和会は、鳩山一郎や岸信介の流れを汲む自主外交路線のグループです。大蔵官僚がレクチャーする勉強会で、「小泉先生、これ以上無駄な道路をつくると財政破綻してしまいますよ！」と耳元でささやく。**小泉は財務省と手を組み、国民世論を味方につければ、親中派の経世会支配を打倒できると考えたのです。**

「自民党をぶっ壊す」と熱弁をふるう小泉は、国民の圧倒的な支持を受けて、2001年の自民党総裁選を制しました。小泉内閣発足後の世論調査では、実に87％という内閣支持率を記録しました（読売新聞調べ）。これは非自民細川連立政権の72％を抜き、空前絶後の高支持率となりました。

■経世会 vs. 新自由主義

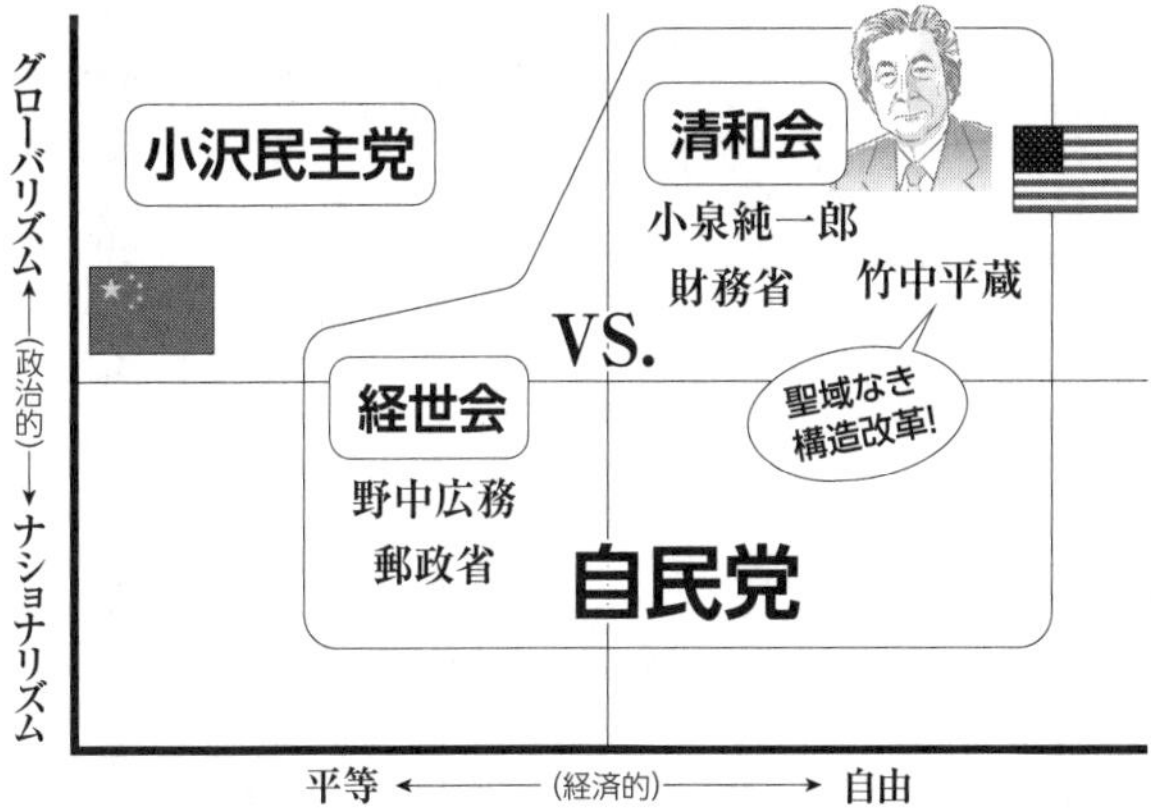

▶税金を無駄遣いする経世会打倒を目的として、財政を黒字化したい大蔵省の官僚たちが、小泉に接近。「聖域なき構造改革」を断行し、自民党の既得権益にメスを入れた結果、清和会はグローバリズムに舵を切った。バックに、新自由主義派の竹中平蔵がいた点も見逃せない。

小泉純一郎 (1942～)

日本の首相(任2001～06)。福田赳夫の秘書を経て、政治家へ。2001年、自民党総裁に選出され、同年首相就任。「構造改革なくして景気回復なし」として、郵政民営化や医療制度改革、地方交付税削減など、新自由主義的な施策を断行した。

□郵政民営化で見え隠れする「官僚の権力闘争」

小泉内閣は手始めに、道路公団の民営化に着手します。道路公団は、田中角栄が議員時代に議員立法でつくった特殊法人で、高度経済成長の原動力となりました。しかし、需要が満たされたあとも、無駄な道路をつくり続けていただけでなく、道路建設で潤った建設業界から経世会へ金が集まる資金ルートにもなっていました。これをバッサリ切って、経世会の勢力を削ぎ落とす狙いもありました。

道路公団の民営化を皮切りに、小泉は石油公団、住宅金融公庫、交通営団など特殊法人の民営化を断行し、小さな政府を目指す改革を推し進めていきました。

外堀を埋めた小泉は、いよいよ本丸と位置づける「郵政民営化」に切り込んでいきます。

郵政省の仕事に、郵便貯金という銀行業務がありました。国営だから絶対につぶれないだろうという安心感から、特に地方のお年寄りは好んで郵便貯金にお金を預けたものです。郵便貯金に集まる資金が政府に貸し出され、公共事業で赤字を垂れ流す元凶になっていました。

財務省からすれば、「自分たちが行う徴税以外に国民のお金を吸い上げるシステムがあるのはけしからん」というわけで、「郵政省を解体しろ」と鼻息が荒い。**郵政民営化の裏には、官僚組織同士の権力闘争があったというわけです。**

郵政省のもう一つの仕事に、郵便物の配達があります。全国に張り巡らされた郵便局のネットワークこそが、自民党議員の既得権益を生んできた。だから郵政民営化を断行すべきである。これが小泉の持論でした。早くから郵政民営化を主張していた小泉は、永田町では「変人」と呼ばれていました。

郵便局のネットワークができたのは、郵便制度が始まった明治時代に遡ります。地方の山奥でも郵便物が届くためには、全国津々浦々に郵便局を設置する必要がありました。国費でそれをやるのは大変です。

そこで政府は、地方の有力者や地主、豪商らを郵便局長に任命して、「あなたのお屋敷の一部を郵便局として使わせてくださいね」と場所の提供を頼んだのです。

地方の有力者の協力で開設された郵便局のことを、「特定郵便局」と呼びます。
この特定郵便局が、戦後の政党政治の下で自民党の支持基盤になっていきました。選挙があると、地方の有力者である特定郵便局長が「今回の選挙も誰々さんに入れましょう」と村人に呼び掛けて、票を集める。また、自民党議員に対しては「おらが村にも高速道路や鉄道をつくって!」と陳情する。自民党議員はそれに応えて、「わかった、任せてください。その代わり次の選挙もよろしくね」と。

こうして特定郵便局と経世会が甘い汁を吸い合う間柄になっていったのです。この仕組みをぶち壊すのが、郵政民営化の狙いでした。

□親米政権による「聖域なき構造改革」

もう一つ、郵政民営化にはアメリカの強い意向も働いていました。

アメリカでも世界恐慌以来、公共事業によって景気回復を目指すケインズ主義の考え方が主流でした。その結果、財政赤字を抱えて行き詰まったのが、1970年代です。

加えて、ベトナム戦争の軍事費や、民主党政権による福祉政策や公共事業で財政が困窮し、このまま行けばアメリカの財政は、立ち行かなくなる恐れがありました。そこで、ケインズ批判が出てきました。

「無駄な公共事業をやめよ。規制をなくし、市場原理に任せるべきだ」とする考え方で、これを新自由主義と言います。

シカゴ大学の経済学者、ミルトン・フリードマンが打ち立てた理論で、この考え方が次第にアメリカでは主流になっていきます。

この頃、アメリカに留学していたのが、経済学者の竹中平蔵《たけなかへいぞう》です。留学先のハーバード大学で新自由主義を学び、小渕恵三《おぶちけいぞう》政権（首相在任1998〜2000年）の頃から、経済政策のアドバイザーとして顔を出すようになりました。

この竹中が小泉に紹介されて、経済財政諮問会議のメンバーとして、首相官邸に出入りするようになります。

「経世会のもとで続いた無駄な公共事業を全部やめて、膿《うみ》を出しましょう。民営化を進めて、アメリカ型の新自由主義政策をやれば、日本経済は必ず蘇ります」

経済が苦手な小泉は、経済に関しては竹中に丸投げしました。竹中は小泉内閣で経済財政政策担当大臣や郵政民営化担当大臣などに就任し、「聖域なき構造改革」を断行していきます。

そのバックには、アメリカの財界の意向があったのです。

特に、アメリカの保険業界からは「規制を撤廃して、日本市場を開放しろ」と強く要求されていました。彼らは日本で保険商品を販売していましたが、苦戦していました。

「なぜ日本人は、アメリカの保険商品を買わないのか。それは、郵便局があるからだ」と彼らは考えました。「郵便局のかんぽ保険なら安心」と、多くの日本人がかんぽ保険に入っていたからです。

アメリカの保険会社が日本市場で対等に競争できるように、生命保険業務も郵便局から切り離して、民営化するべきだ。郵政民営化には、アメリカの保険業界のこうした意向も強く反映されていたというわけです。

池田勇人の「所得倍増計画」でアメリカ民主党的なリベラル政党化していた自民党は、小泉・竹中改革によってアメリカ共和党的な「右」の保守政党に引き戻されたのです。

□小泉劇場——「抵抗勢力をぶっ壊す！」

郵政民営化をめぐる経世会vs.小泉のバトルは、エスカレートしていきます。

小泉政権による「郵政民営化法案」は衆議院で可決されたものの、自民党議員の一部が造反したために参議院では否決されました。普通ならここであきらめそうなものですが、小泉は誰も予想しない手に打って出ます。**「国民の民意を問う」ために、衆議院を解散したのです**（**憲法上、参議院は解散できない**）。**小泉が自ら「郵政解散」と名づけました。**

経世会の議員を中心に、「小泉の独裁は許されない！　郵政民営化反対！」と叫ぶ議員が大勢いました。これらの自民党議員を、小泉は「抵抗勢力」と切り捨て、今度の衆議院選挙では自民党の公認を与えず、その議員の選挙区に自民党公認の別の候補を「刺客」として送り込むなど、徹底的につぶしにかかりました。

この「小泉劇場」に国民は熱狂し、小泉自民党は圧勝します。参議院で否決された法案は「小泉チルドレン」が議席を得た衆議院で再可決され、郵政省は「日本郵政」グループとして民営化されました。郵便貯金とかんぽ保険も「ゆうちょ銀行」と「かんぽ生命保険」という民間会社に生まれ変わりました。

経世会のドン、野中広務は、小泉のことを「ヒトラー」と呼んでののしりました。しかし、今や小泉は国民のアイドルであり、国民世論を敵にまわしたらどうにもなりません。小泉人気に反比例して野中は影響力を失い、ついに政界を引退します。四半世紀続いた経世会の支配は、これで終わりました。これが小泉純一郎の最大の業績だったと私は思います。

□グローバリズムという名の「対米追従外交」

小泉外交についても見てみましょう。

神奈川県横須賀市出身の小泉は、一貫して親米派です。国会議員だった彼の祖父は、港の労働者を仕切る「小泉組」の親分だった人物で、背中には大きな刺青《いれずみ》がありました。戦前は日本海軍の仕事を請け負い、敗戦後、横須賀に米軍が駐留するようになると、米軍と仕事を始めました。つまり、小泉が親米派なのは、祖父の代からです。

小泉内閣の時代（首相在任2001～06年）は、アメリカでは共和党のブッシュJr.政権時代に重なります。その前の民主党クリントン政権は、国際金融資本と組んで対中投資で儲けることしか考えていませんでした。クリントンの平和路線のもとで冷や飯を食わされていた軍需産業が、「もっと好戦的な政権に変えよう」という思惑で担いだのが、共和党のブッシュJr.でした。

8年ぶりに共和党政権が返り咲き、軍需産業が「戦争だ！　戦争だ！」と勢いづきました。しかし、冷戦は終わり、ソ連は崩壊し、ロシアはまだ混乱状態にありました。中国は鄧小平の死後も、「能ある鷹は爪を隠す」を地でいく韜光養晦政策を継続中で、アメリカを刺激するような動きは見せていません。

では、どこと戦争をするのか？　この時、9・11の同時多発テロが起こったのです。アメリカはイスラム過激派を敵と見定め、アフガン紛争、それに続くイラク戦争へと前のめりに突き進み、西側同盟国の間でも米国非難の声が上がっていました。

そのような状況で、一貫してアメリカ側に立ったのが小泉首相です。

まず、同時多発テロの直後にニューヨークに飛び、崩壊した貿易センタービルの現場に立って、「わが日本国民はアメリカ人とともにある」と共感を示しました。その後、イラク戦争に猪突猛進するアメリカに理解を示し、一貫してブッシュJr.を支持したのです。

憲法9条があるので、日本は海外派兵ができません。その代わり、「イラク戦争が終結後の平和協力はできます」と国連平和維持活動（ＰＫＯ）への自衛隊派遣を約束したのです。

イラクのフセイン政権が倒れたあと、比較的治安が安定しているとされた南部の都市サマーワの復興事業を助けるため、陸上自衛隊が派遣されました。

戦争が終わったとはいえ、ゲリラ化した旧政府軍の兵士が攻撃してくる恐れもあります。戦闘行為を禁止された状態でそのような危険な場所に送り込まれて、自衛隊に犠牲者が出なかったことは奇跡としか言いようがありません。

結局、サダム・フセインと大量破壊兵器とアルカイダを結ぶ証拠は見つからなかったわけですが、アメリカを支持したイギリスと日本では、その後の国内での対応で差が出ました。

イギリスのブレア首相は、国内で叩かれました。イギリス議会は、「ブレア政権のイラク戦争への参加は間違っていた」とはっきりと結論づけました。

それに対して日本では、小泉の対米追従外交は不問にされました。日本の国会は何をやっているのでしょうか。

小泉も、それっきり知らん顔です。最近、「反原発」を掲げて活動しているようですが、イラク戦争について何か一言あってもいいのではないでしょうか。

□「共産主義の夢」から醒め始めた中国人

経世会時代は蜜月だった中国との関係にも、少しずつ陰りが見え始めました。これは、中国の国内事情に主たる要因がありました。

いったい何があったのでしょうか。

天安門事件のあとも対中経済支援を継続した日本のことを、中国は非常に好ましく思っていました。鄧小平は覇権への野望をひた隠しにして、さらに莫大な対中投資を引き込むために、西側各国との友好関係を賢く演じていました。

ところが、この友好路線を転換せざるを得ないほど、中国国内情勢が悪化していったのです。

中国共産党は本来、国を経済発展させ、その果実を平等に分配して、人々を貧困から救い上げてくれる指導政党だったはずです。

ところが実際には、**経済発展の果実は共産党の幹部が独り占めし、その共産党にワイロを贈る企業ばかりが優遇される。まるで新興財閥や外国資本の手先のような実態が明らかになってきたのです。**

天安門事件は、長期独裁政権の腐敗に対する人民の不満が爆発して起きました。これは共産党への警告であり、この段階で自らを正していれば、何とかなったのです。ところが、共産党政権はあろうことか、人民の不満を人民解放軍という暴力でねじ伏せたのです。

その結果、中国人民の共産党への信頼は地に堕《お》ちました。

力で踏みつぶされた人民の不満は、マグマのように沸騰しています。その逃げ道をつくらないと、第二、第三の天安門事件が起こりかねません。

□「愛国のファンタジー」の標的にされた日本

人民の不満のはけ口として中国共産党が利用したのが、ナショナリズムの発揚でした。

1990年代の江沢民政権は、「労働者・農民を救う政党」という本来の看板を下ろし、「偉大な中華民族の栄光を取り戻すための政党」というおとぎ話をつくり上げたのです。

「我ら偉大な中国は、近代のアヘン戦争以来、イギリス、フランス、ロシア、日本に蹂躙《じゅうりん》されて、亡国寸前にまで追い詰められた。そこで共産党が立ち上がり、悪逆な日本帝国主義を打ち滅ぼし、中国人民を解放し、中国の栄光を取り戻したのだ」

しかし実際には、日本軍と正面で戦っていたのは国民党の軍隊であり、共産党は「漁夫の利」を得たというのが現実です。

中国共産党は、このファンタジーを徹底的に学校で教え込みました。また、抗日戦争の〝偉大な業績〟を記念するための抗日記念館や、満州事変の歴史を展示する記念館も建てました。国営テレビは抗日ドラマやアニメを繰り返し、繰り返し放映しました。江沢民は、もう誰も信じてくれない共産主義から、ナショナリズムへの思想的大転換を図ったのです。

そしてついに、この愛国教育が大成功を収めたのです。90年代に教育を受けた若者は、些細《ささい》なことで反日感情を燃え上がらせるような愛国心にあふれた青年に成長していきました。

中国の愛国心の標的にされたのが、小泉純一郎首相の靖国神社参拝です。

経世会時代の歴代首相は、中曽根康弘が1985年に参拝して以降、日中関係を考慮して8月の参拝を見送っていました。

ところが2001年、首相に就任した小泉が8月13日に靖国神社に参拝すると、中国国内での反日感情に火がつきました。2005年には日系のスーパーが襲われ、北京や上海で大規模な反日デモが起きました。

騙されてはいけません。中国には、「デモ行進の自由」はないのです。つまり反日デモはすべて、中国共産党の許可と指導のもとで行われています。このことからわかるように、人民の反日感情を煽ることで、中国共産党は天安門事件以来の権威失墜を挽回することに成功したのです。

ところが、物事には必ず反作用があります。中国で若者が暴徒化し、日系のスーパーを襲撃する映像がメディアで流されると、それを見た日本人のナショナリズムが刺激されたのです。今度は日本の怒れる若者たちが、「靖国参拝の何が悪い！」「小泉がんばれ！」と中国の反日感情を迎え撃つ。この頃から、国民レベルでの対中国感情が一気に悪化しました。

❏北朝鮮外交の裏で放置された「拉致問題」

小泉内閣の実績には功罪があると思いますが、功績をもう一つ挙げるとするならば、北朝鮮に毅然たる態度を取り、北朝鮮から5人の拉致被害者を取り戻したことでしょう。

北朝鮮による日本人拉致が明らかになったのは、１９８７年の大韓航空機爆破事件です。犯人は北朝鮮の工作員でしたが、彼らは日本人の偽造パスポートを持っていて、日本人に成りすましていました。逮捕された金賢姫《キム・ヒョンヒ》の証言から、工作員の教育係として日本人がたびたび拉致されていたことが明るみに出たのです。

北朝鮮による拉致は、１９７０年代から繰り返されていました。日本海側の警察の間では、「なぜこんなに人がいなくなるんだ？」「どうも外国の手が及んでいるらしい」という情報が飛び交っていました。

しかし、70年代、80年代は経世会の全盛期です。中国同様に北朝鮮とも友好関係を築きたい経世会政権がその情報を握りつぶし、拉致問題を見て見ぬふりをしてきたのです。

天安門事件の翌年（１９９０）、海部内閣の実権を握る小沢一郎が、北朝鮮に特使を送りました。

団長は朝鮮労働党と太いパイプがあった日本社会党副委員長の田辺誠《たなべまこと》と、翌年自民党副総裁となる金丸信《かねまるしん》（小沢の兄貴分で、経世会の黒幕の一人）です。彼らが平壌《ピョンヤン》に乗り込み、金日成《キム・イルソン》主席と会談したのです。いわゆる「金丸訪朝団」です。

訪朝の目的は、日朝関係の正常化を話し合うためでしたが、北朝鮮側は「国交正常化資金」と称して1兆円の支払いを日本に要求し、日本側は拉致問題を取りあげませんでした。北朝鮮得意のマスゲームを見せられた金丸と田辺は、ご満悦だったようです。

のちに金丸が脱税で検挙された時に、刻印のない金の延べ棒が見つかりました。これはおそらく北朝鮮からのプレゼントだろうと言われています。**このように腐り切った日朝関係が続いたから、拉致問題が黙殺されたのでしょう。**

日本社会党と組んだ細川連立政権も、拉致問題解決には動かない。日本社会党と野中経世会が擁立した村山富市《むらやまとみいち》政権も、もちろん動かない。朝鮮労働党の日本でのエージェントである日本社会党と、カネのためには何でもする経世会が関係している限り、拉致問題は完全に黙殺されました。これが90年代です。

そうしたしがらみが一切ないのが、小泉だったのです。その小泉が、拉致問題の解決に動き始めました。

□かたくなに否定した拉致問題を、金正日が認めた理由

2002年、小泉が日本の首相として初めて平壌に入り、金正日《キム・ジョンイル》と会談しました。当時の北朝鮮は、核開発疑惑で国連の制裁を受けており、日本からのカネが必要でした。

会談が始まる直前に、北朝鮮側がこう言ってきました。

「日本人5人は生きているが、8人は死亡した。5人に関しては、一時帰国を許してもいい。彼らは自分の意思で北に来たのであって、日本側が主張する拉致はでっち上げである」

北朝鮮の要求は、さらに続きます。

「日本はこれを受け入れて朝日国交を正常化し、過去を反省して1兆円を支払え」

その日の会談は、互いに言いたいことを主張して終わりました。

宿舎に戻って翌日の会談の作戦を話し合っていた時、同行していた安倍晋三（当

時は官房副長官）が小泉にこう言いました。

「総理、これ以上交渉しても無駄だから、帰りましょう。北が拉致を認めないなら、国交正常化はできません」。盗聴器にもよく聞こえるような、大きな声でした。

この発言が金正日に届けられたのでしょう。翌日の会談で金正日は、「昨晩調べた結果、わが国の特殊機関の者が日本人を拉致していたことがわかった。彼らが英雄的行為に走ったことを謝罪する」と態度を一変させたのです。

北の指導者が初めて、国家犯罪としての日本人拉致を認めた瞬間でした。これを受けて日朝平壌宣言がまとまり、拉致被害者5人の帰国と、のちにその家族の帰国が実現したのです。

それまでの自民党経世会や日本社会党の不作為に比べれば、大きな前進でした。たった5人であっても、北朝鮮の最高指導者の口から犯罪を自供させたのは意味がありました。「拉致はでっち上げ」と言い続けた日本国内の北朝鮮擁護派は、沈黙しました。

これは、あとでわかったことですが、外務省は「あくまで一時帰国で、実家のご両親に会わせたら北に戻す」と約束して、北朝鮮側を説得していました。

ところが、「それでは二度と日本には戻れない。完全に帰国させるべきだ」と安倍晋三と中山《なかやま》恭子《きょうこ》（内閣官房参与）が反対し、北朝鮮との約束を尊重したい田中《たなか》均《ひとし》外務審議官と激しくやり合ったのです。

結局、小泉が安倍の説得に応じて、5人とその家族の完全帰国が実現しました。しかし北朝鮮から見れば、「一時帰国と言うから返したのに、戻ってこない。騙された」となったわけです。この時の遺恨が、いまだに拉致問題の解決をこじらせているのです。

これは、功を焦った外務官僚の罪だと私は思います。「日朝国交正常化を成功させて、外務省の歴史に名前を残したい」と焦ったから、「一時帰国でいいから」と北朝鮮と約束してしまったのでしょう。

世論は5人の帰国を歓迎し、小泉の支持率アップにつながりました。また、**拉致被害者奪還で重要な役割を果たした安倍晋三が、権力の中枢に駆け上がるきっかけになりました。**

ピュアなナショナリスト「第一次安倍政権」の失敗

小泉によって引き上げられた安倍晋三は、「日本独立派」の清和会のプリンスで、ナショナリストです。小泉が安倍を後継者に指名し、安倍は若くして首相の座につきました。

第一次安倍内閣（首相在任２００６〜０７年）は、理想に燃えて猛進しました。「愛国心」を盛り込んだ教育基本法の改正、防衛庁を防衛省に昇格、憲法改正の手続きを定めた国民投票法の制定……。

この結果、中国はもちろん、アメリカのオバマ民主党政権も安倍を「ウルトラ・ナショナリスト」と警戒するようになります。さらには、公務員制度改革にも手をつけたため、「大きな政府」を好む官僚機構からも目の敵にされた安倍は、少年時代から抱える潰瘍性大腸炎《かいようせいだいちょうえん》の悪化もあって、わずか1年で失脚します。

自民党内には、いまだに親中派が跋扈しており、中国への経済進出で利益を得てきた財界がこれを支えているのです。議院内閣制の日本では、首相がいくら頑張っても国会が動かなければどうにもなりません。

小泉内閣で官房長官を務めた福田康夫《ふくだやすお》が後継首相となって中国に急接近し、北京五輪の開会式に出席しました。次の麻生太郎は安倍路線に戻そうとしましたが、おりしもリーマン・ショックの余波で日本経済が低迷し、２００９年の衆院選で自民党は大敗、下野します。

労組の出身者が経営陣となっているマスメディアが、「一度やらせてみよう民主党」と煽り立てた結果、民主党の鳩山由紀夫政権が成立します。

鳩山・菅《かん》・野田と3年続いた民主党政権は、元経世会の小沢派と、日本社会党のなれの果てが、「反自民」「反米」で結束しただけの烏合《うごう》の衆でした。日米関係を徹底的に破壊して中国にすり寄った結果、中国からもロシアからも軽く見られ、日本の国際的地位は音を立てて崩れていきました。

国内では官僚を吊し上げ、「コンクリートから人へ」「事業仕分け」などとパフォーマンスに走り、公共事業を削り、緊縮財政に走る一方で、消費増税を決定するなど、日本経済を復活させないためにあらゆる手段を取りました。

追い討ちをかけるように東日本大震災と福島第一原発事故が起こり、多くの日本

■正直すぎた「第一次安倍政権」

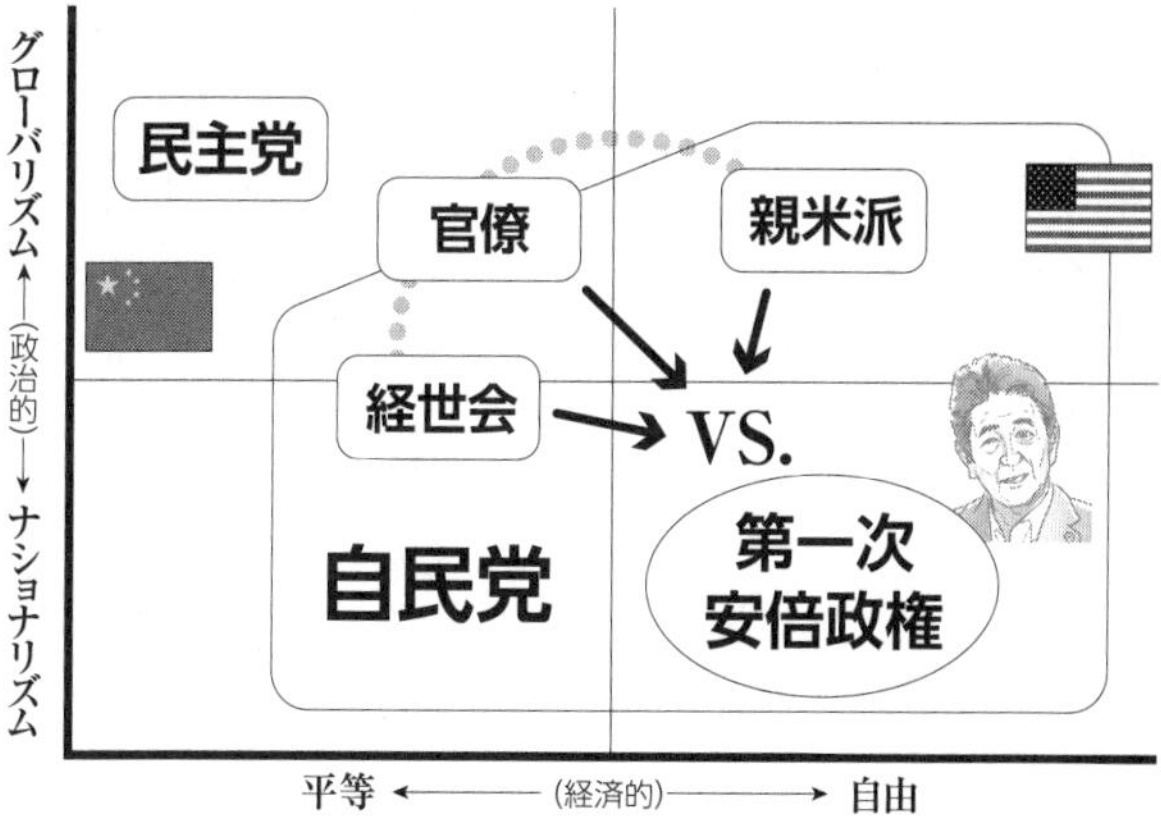

▶教育基本法の改正や憲法改正手続きの制定など、第一次安倍政権は、率直なナショナリストだった。その結果、アメリカや中国はもとより、官僚や自民党内の親米グループや経世会からも総スカンを食らってしまった。

安倍晋三（1954～2022）

日本の首相（任2006～07、12～20）。岸信介の孫。戦後体制からの脱却を掲げ、2006年に就任。しかし、翌年に体調不良で退任。民主党政権の混迷を経て、12年に首相に再登板。デフレ脱却に向けアベノミクスを推進し、在任期間で史上最長を記録した。退任後の2022年に銃撃され、死去。

人には「悪夢の3年間」として記憶されているのが、この民主党政権時代です。

2012年の総選挙で民主党政権は崩壊し、安倍晋三の自民党が復活しました。財務大臣兼副総理として入閣した麻生太郎は言いました。

「自民党の価値を再認識させてくれたのが、民主党政権最大の功績だ」

□どっちつかずに終わった「第二次安倍政権」

第二次安倍内閣（首相在任2012〜20年）の最大の功績は、民主党政権がぐちゃぐちゃにした日米関係を修復し、トランプ大統領との間で個人的信頼関係を築いたこと。本質的にナショナリストの安倍首相とトランプ大統領は、ウマが合ったようです。

もう一つは、アベノミクスと呼ばれる金融緩和（円の増刷）により、デフレ脱却への筋道をつけたことです。民主党政権時代に8千円を切っていた日経平均株価は安倍政権の発足でグングン上昇し、2万円の大台に乗りました。投資家は、安倍政権で日本経済は成長する、と見通していたのです。

第一次政権の教訓から、第二次政権では安倍は親中派に歩み寄り、そのトップである二階俊博《にかいとしひろ》を自民党幹事長という要職に据えました。

二階俊博は経世会出身で、一時は小沢一郎の側近として自民党を離れていた人物です。「日中友好」を第一の政治信条として北京とは太いパイプを持ち、地元の和歌山県に江沢民の碑文を建てようとして話題になりました。

その一方で、政局の機を見るに敏であり、政権復帰の望みが絶たれた小沢一郎を見捨てて自民党に復党し、安倍晋三支持にまわって幹事長の椅子を確保しました。その意味では「天才」とも言えるでしょう。

小泉と違って安倍は今度は敵をつくらず、二階俊博のような思想の違う人も味方に取り込むことで、政権基盤は盤石なものとなりました。

つまり第二次安倍政権とは、小泉政権時代からの親米グローバリストを中心に、二階らの親中派、そして官僚機構の連合政権だったのです。

このため、いろいろな人の意見を聞かなくてはならなくなり、安倍晋三自身が何をやりたいのかがわからなくなってしまいました。

財界とグローバリストの意向を受けて外国人労働者の受け入れに踏み切り、財務官僚を敵にまわさないために消費増税を実施し、中国が猛反対する憲法改正には道筋が見えないまま、新型コロナ対策で心身をすり減らし、2020年、再び体調悪化で退陣することになったのです。

約7年半の長期政権となった第二次安倍政権は、民主党政権の極端な「左」を、国益重視の「右」に引き戻したと言えますが、同時にグローバリズムへと大きく舵を切った政権と言えるでしょう。

❏再び従属国に逆戻りする日本

憲政史上最長となった第二次安倍政権。その後半は、アメリカ共和党のトランプ政権との二人三脚で、特に外交面でめざましい成果を上げました。

「安倍外交」の真髄は中国包囲網の形成であり、安倍は日・米・豪・印の準同盟体制（安全保障のダイヤモンド）を構築する一方、プーチン大統領と27回も会談して、中露の接近を牽制しました。

これらの成果は、安倍退陣後に音を立てて崩れていきました。

■敵を取り込んで長期政権となった第二次安倍政権

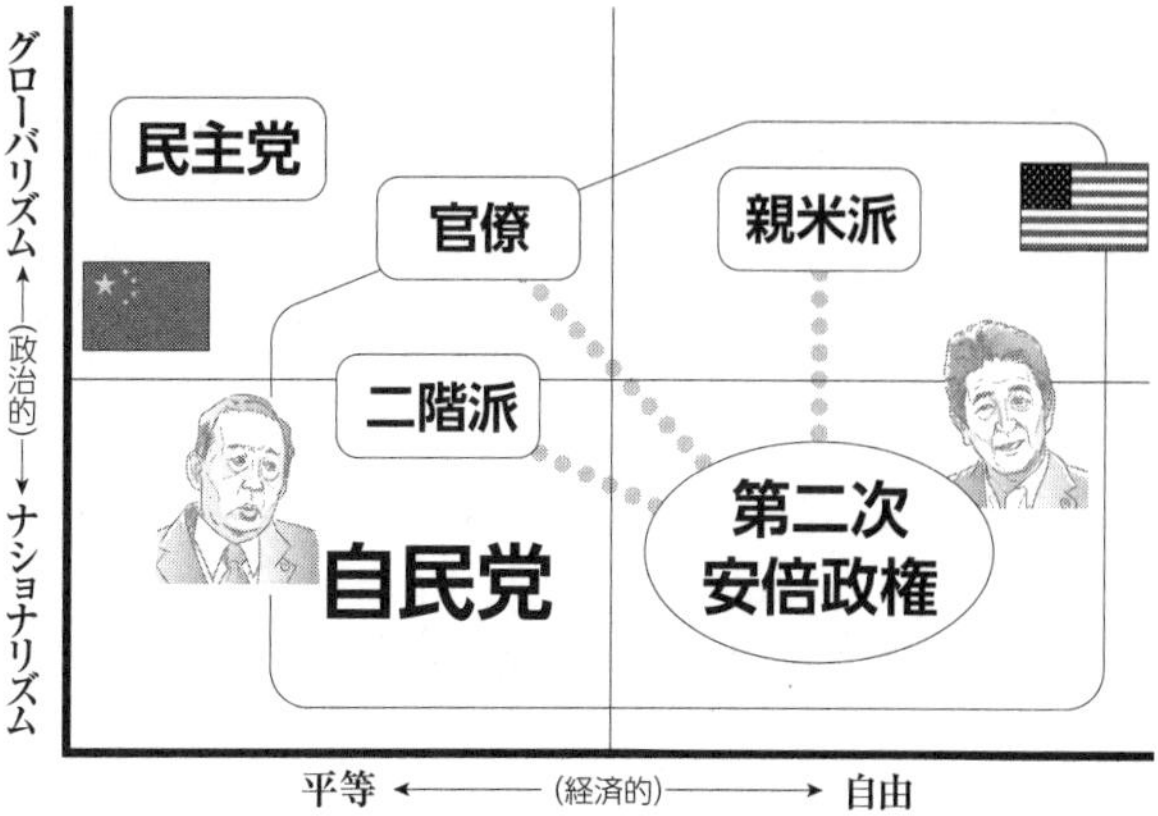

▶屈辱的な退陣を経て、政治家として成長した第二次安倍政権は、二階派や官僚、親米派らの意向を取り込むことで巨大になった。しかし、結果的に「結局、何がしたいかわからない政権」になってしまった。

二階俊博（1939～）

日本の政治家。和歌山県議会議員などを経て、1993年に小沢一郎と新生党を結成。2000年、小沢と袂を分かち保守党を結成、自公保連立政権を経て自民党に復党。親中派の旗振り役に。自民党幹事長を務める。

ウォール街と結ばれているバイデン民主党政権は、市場開放に応じないロシアのプーチン政権を敵視する一方、改革開放を維持する中国・習近平政権には寛容な態度をとります。

自民党内部では対米従属派の宏池会（岸田派）と、親中派の経世会／平成研究会（茂木《もてぎ》派）と二階派が勢力を盛り返し、短命に終わった菅義偉《すがよしひで》内閣（首相在任2020〜21年）を経て、岸田文雄《きしだふみお》内閣（首相在任2021年〜）が成立しました。

長く安倍内閣の外務大臣を経験しながら、独自の歴史観・世界観を持たない岸田首相は、安倍政権下では安倍首相の指示に従ってきました。

2022年7月8日、参議院選挙の応援演説のために奈良県を訪れた安倍元首相が銃殺されるという衝撃的な事件が起こりました。

安倍人気に支えられた安倍派は、なおも自民党最大派閥でしたが、安倍晋三という求心力を失って烏合の衆と化し、もともと「人の話を聞く」だけの岸田首相は、親米派と親中派の言いなりになりました。これは、バイデン民主党政権と習近平共産党政権による日本の共同管理がはじまったということです。

バイデン民主党政権が送り込んだラーム・エマニュエル駐日大使は、シカゴ市長時代から筋金入りのＬＧＢＴ活動家でもあり、大使として東京に派遣されると「日本人のジェンダー意識は遅れている」「差別撤廃法の制定を！」と岸田首相に圧力をかけました。

この結果、自民党が提案した「ＬＧＢＴ理解増進法」が国会を通過し、法制化されたのです。

法律そのものの是非はともかく、アメリカ大使の意向を受けた日本国首相が政権与党に指示して法律をつくらせる、このプロセスが異常だと思います。日本が主権国家でないことの証です。

今後もっと重要な法案を、外国の意向を受けて唯々《いい》諾々《だくだく》と日本の国会が立法化するのではないかと危惧します。

おわりに――日本は、どこへ行くのか?

米国が「世界の警察」を降りようとしている今、東アジアで生じる軍事的空白を埋めるのは、中国か日本です。中国の従属国になりたくなければ、日本中心の安全保障体制を構築していくしかありません。

そのためにはアメリカとの同盟関係を維持しつつ、万が一に備えて自前の防衛体制と、情報収集体制を構築する必要があるでしょう。

従来は、日本の自立に対して米国からの妨害圧力がかかっていたのですが、トランプ政権は「アメリカはアメリカを守る。日本は好きなようにやれ」という立場です。半世紀続いたアメリカ追随外交から対等な日米関係へと転換する絶好のチャンスが到来したのです。

30年前、米ソ冷戦が終わった時こそ、日本は自立するチャンスでした。しかし、銭ゲバ経世会の内ゲバから短命内閣が続き、日本は失われた20年に突入しました。

米中冷戦が始まった今、世界の中での日本の立ち位置に関するはっきりしたビジョンを持ち、自分の言葉でそれを説明でき、海外に発信できる政治家が求められています。

「ポスト安倍」と言われる政治家たちの中に、そのような人物がいるのか。あるいは今はまだ無名の誰かが、これから立ち現れてくるのか。

有権者が、政党というより個々の政治家をよく観察し、より賢明な投票行動をとれば、日本は東アジアの成熟した民主主義国家として世界から尊敬されるようになるでしょう。

本書が、その一助になれば幸いです。

令和2年（2020）11月
トランプvs.バイデンの米大統領選挙投票日直前に

茂木　誠

文庫版へのあとがき

単行本を出してから4年が経ちました。

あの2020年の衝撃的なアメリカ大統領選挙、バイデン政権の成立が世界に与えた深刻な影響を振り返ると、身震いします。

トランプ政権が予定どおり2期目に入っていれば、ロシアはウクライナ侵攻を躊《ちゅう》躇《ちょ》し、ハマスはイスラエル攻撃を手控えたでしょう。

そして、日本の政治が、骨の髄まで対米従属するような惨状を呈することもなかったかもしれません。

けれども、モノは考えようです。

現実を知ることなしに、次の一歩を踏み出すことはできません。

バイデン政権の4年間で、世界のしくみ、日本の権力構造、自民党の実態が、多くの人の目に明らかになったのではないでしょうか。

希望は、ここにあるのです。

「長い夜も、明けぬ夜はない。

The night is long that never finds the day.」

（『マクベス』）

令和6年（2024）4月

茂木　誠

図版・イラスト：齋藤　稔
編集協力：前田はるみ

著者紹介
茂木 誠（もぎ　まこと）
作家、予備校講師、歴史系YouTuber。駿台予備学校、N予備校で世界史担当。『世界史で学べ！ 地政学』（祥伝社黄金文庫）、『世界史講師が語る 教科書が教えてくれない「保守」って何？』（祥伝社）、『増補版「戦争と平和」の世界史』（TAC出版）、『教科書に書けないグローバリストの近現代史』『日本人が知らない！ 世界史の原理』（ともにビジネス社・共著）、『「リベラル」の正体』（ワック・共著）、『ジオ・ヒストリア』（笠間書院）、『日本思想史マトリックス』（PHP研究所）など著書多数。YouTube「もぎせかチャンネル」で発信中。
連絡先：mogiseka.com

本書は、2020年11月にPHP研究所から刊行された『世界の今を読み解く「政治思想マトリックス」』を改題し、加筆・修正したものです。

PHP文庫　世界の今を読み解く
政治思想マトリックス

2024年6月17日　第1版第1刷

著者	茂木誠
発行者	永田貴之
発行所	株式会社ＰＨＰ研究所
東京本部	〒135-8137 江東区豊洲5-6-52
	ビジネス・教養出版部　☎03-3520-9617（編集）
	普及部　☎03-3520-9630（販売）
京都本部	〒601-8411 京都市南区西九条北ノ内町11
PHP INTERFACE	https://www.php.co.jp/
組版	有限会社エヴリ・シンク
印刷所	大日本印刷株式会社
製本所	東京美術紙工協業組合

ISBN978-4-569-90388-0

PHP文庫

日本人が知るべき東アジアの地政学

茂木 誠 著

米中覇権争いが激化する中、日本は近隣諸国とどう付き合えばよいのか。大人気予備校講師が地政学の視点から東アジアの未来を読み解く。